誰說一定要理性！用感性改變你的人生

作者——張婷

透過感性，綻放平凡卻不平庸的自己！

感性力量

推薦序
● ●

　　《感性力量》是張婷的第一本書，她將這些年的所學、所思、所想、所做凝聚成一股力量，分享給熱愛學習的朋友。她對感性的力量有著獨特的解讀，從需求、ＥＱ、應變、學習、表達、品牌、銷售這7個方向進行闡述，幫助讀者發掘自我力量，不斷成就自我。

　　學習是需要與實踐相結合的。還記得2018年開始，張婷一直跟著我學習，在班上她是一個非常積極且會透過實踐來驗證所學。她於2019年開啟創業之路，我也見證了她從0到1不斷突破自我、挑戰自我的過程。女性創業之路無疑是不易的，更需要果敢與堅持、堅定的原則與合適的價值觀，她不斷超越自我的精神值得大家學習。

張萌

青年作家、青創品牌創始人

推薦序

張婷是一個很可靠的人，她是會把事做好，再直接展現結果給你看的人。她也是一個積極面對生活並充滿能量的人，她的能量會感染到身邊的每一個人。她更是一個熱愛分享的人，每天扎扎實實地努力，帶動很多人透過閱讀和學習提升想法，解決生活難題，實現自我突圍。

她的經驗秘笈都在這本《感性力量》書裡，願你能從書中尋找到屬於你自己的寶藏。

侯小強
起點中文網前董事長、北京金影科技有限公司董事長

◆ ◆ ◆

在不確定性的時代中，如何得到確定的人生結果？感性的力量可以更好地幫助一個人從心出發。張婷的這本書讓我看到了一位女性是如何將自身感性的力量極致地發揮出來，繼而一次又一次地將逆境轉化成禮物，使自己不斷成長，最終成為想成為的樣子。希望這本書能幫助更多人喚醒自身感性的力量。

郭俊傑
帆書（原樊登讀書）聯合創始人、《簡單做事》作者

感性力量

　　有好的感性力量，我們不僅可以讓自己變得更好，還能幫助、影響他人。想知道具體怎麼做？張婷在這本書裡已經提供了非常好用的方法，推薦這本書給各位，相信你會受益匪淺！

剽悍一隻貓　　個人品牌顧問、《一年頂十年》作者

◆　◆　◆

　　個體崛起的時代，每個人都有為自己創造財富的機會。每一個想要有所成就的普通人，都需要找到適合自己的發展方式。張婷老師的這本《感性力量》可以幫助讀者發掘身上的力量，也希望這本書能夠幫助到每一個想要成功的人。

肖逸群

星辰教育創始人兼首席執行官、恒星私董會發起人

◆　◆　◆

　　如今，正是一個女性崛起的時代，女性在社會中扮演著越來越重要的角色，她們身上的感性力量正發揮著越來越重要的作用。我們有理由相信，在未來的世界，感性也許能連接一切。

推薦序

　　我認識的張婷是一個非常感性的人。她有著強大的願力，強勁的韌性，動人的微笑，動情的表達……她把女性的魅力和特質淋漓盡致地展現了出來。

　　她是如此感性地活著，如此感性地做自己喜歡的事情。堅持一切從心出發，始終相信感性的力量。她用自己的實際行動，讓我看到了感性的力量。

　　這本書裡，有張婷的故事，也有她的成功歷程。她介紹了感性對人的全方位影響。希望透過本書，大家能在生活和工作中，找到並發揮自己的感性力量，讓自己變得更強大、更有魅力，開啟精彩的人生！

劉 Sir
出版人、內容策劃人、合生載物創始人、書香學舍主理人

◆　◆　◆

　　張婷是一位優秀的創業教練，她將自己從職場到創業，從自我成長到帶人的經驗，總結成個人成長的七個思維，為我們拆解了如何將感性轉化為力量，讓自己獲得改變與成長。當你想要改變的時候，這本書值得一讀！

裴雪瓶　青創繁星首席執行官

感性力量

前言
我們都是自己生命的 VIP

在我們的生命中,有一種特別強大的力量,那就是感性的力量。感性,是一種內在的力量,它非常強大,卻很少有人發現它與挖掘它,甚至很多人不知道自己居然也有這股力量。也許有人和我一樣,一直在使用著這種力量而不自知。

所以當我們焦慮和迷惘的時候,常選擇向外求救,這種向外求救會讓人變得更焦慮。

我在38歲時,利用學習改變了自己的命運,以一個職場人的身分轉變成一位創業者。我的第一份工作是在北京的一家醫院當護士,照顧來自全國各地的患者,從23歲起,我就親眼目睹了各種生離死別。

我的第二份工作是在世界前五百強的製藥外商企業當業務,我的工作內容跟之前有了巨大的變化,我必須面對形形

前言 我們都是自己生命的VIP

色色的客戶,我也因此更加了解了現實社會與生活。

我的第三份工作是在青創平台,當創業者的教練。帶領著10萬餘名想要透過學習來改變自己,並且賺到人生的第一桶金的創業者。

從2003年剛進入社會一直到這本書的上市,這20年間的三段工作經歷使我閱人無數。我觀察到時代在變,而人也在變。

也正因為有了這些經歷,我覺得生命對於大多數的人而言都是一樣的,生命的起點是呼吸、心跳、血壓……終點也是呼吸、心跳、血壓……生命中的經歷是每個人都必須面對的,因此我們要做自己生命歷程的積極體驗者。

當我發現感性這個強大的力量後,便想把自己是如何運用這股力量的經驗分享出來,讓更多人發現自己與生俱來的力量,並幫助大家找到一些方法,讓大家可以透過刻意練習,加強對感性力量的挖掘與鍛鍊,用自己身上的力量幫助自己成功和成長。如果這本書幫助你發現了這個神奇的力量,我真誠的請求你將它推薦給更多的人,讓更多人可以看到它,讓更多人相信它,讓它發揮更大的價值。

我們都是自己生命的VIP,應該探索生命與這個世界所發生的任何神奇化學反應,活出更有意義的人生。

感性力量

推薦序 002
前言　我們都是自己生命的 VIP 006

CHAPTER 1
感性力量源自底層心理需求

從心出發 014
感性是一種新的生活態度 021
追逐焦點不等於盲目跟風 030
愛美不在表面，而在內心 035
感性帶來的上癮機制 040

CHAPTER 2
高情商就是擁有好的感知情緒

情商是一種情緒智力 046
情商就是認識自己的情緒 051
掌握情緒四象限理論 056
換位思考也是利他思維 062

以和為貴，消除矛盾 068
真切體會他人的感受 073

CHAPTER 3
感性因素決定你的逆商能力

成功者擁有的逆商高度 080
使命感帶我穿越黑暗時刻 083
別用失敗者的視角看世界 090
好奇心是擺脫困境的利器 097
刻意練習就是重複的力量 104
自律應順應規律 108
掌握方法，修煉逆商 113

CHAPTER 4
動用感性腦，學習更高效

感性腦和理性腦 120
多感官刺激，立體性學習 125

進行實景應用式學習 138
用初心設計成長學習方案 144
靠思考找到學習路徑 152
在大腦中畫一幅學習圖 160

CHAPTER 5
情感加語言，使表達更具感染力

感性表達中的性別優勢 168
感性表達直入人心 172
理性表達時伴隨情感輸出 176
幽默表達很重要 181
快速與他人建立心理共振 185
引導對方展開自我說服 190

CHAPTER 6
建構有情緒價值的專屬品牌

品牌的價值定位 198
價值觀是品牌的情感寄託 204

感性價值是重要的部分 209
品牌聲譽就是品牌吸引力 214
有溫度的品牌故事 220
滿足用戶的超預期需求 225

CHAPTER 7
銷售變現中的感性色彩

消費者心理對銷售的影響 232
產生精神共鳴 236
變現模式要符合人性 239
先提供價值,再建立合作 247

後記 你也可以改變自己 251

CHAPTER 1

感性力量
源自
底層心理需求

感性力量

從心出發
● ●

身為一個自媒體人，我現在仍保持著一天至少一場的直播頻率，有時候一天甚至有四場直播。我的粉絲喜歡我所說的內容，覺得我可以把抽象的邏輯講得淺顯易懂，引用的案例也很生動，許多粉絲都是相同感受。

一個偶然的機會，我請劉 Sir 幫我處理事業的品牌定位等，他很認真地對我說：「張婷，我覺得你很感性，這種感性很有感染力！」一瞬間我的腦海裡浮現出粉絲們告訴我的感受和評價。我才恍然大悟，原然是感性帶給我力量！

仔細想想我的人生經歷、我講過的課程內容，我確實是一個很感性的人，並不是個非常善於理性思考的人。在學生時代，我最不喜歡的科目是數學、歷史、地理和政治。對於人生，我只有大致的想法，並沒有什麼規劃。一路走來，如今我已 41 歲，竟然將大部分的人生目標一一實現了。

Chapter 1　感性力量源自底層心理需求

　　我曾跟著貴人張萌老師學習，從一個什麼都不懂的新人，轉變為年入數百萬的自由工作者，其實也只是傻傻地跟著自己的感覺走。當我第一次在電台上聽到張萌老師的聲音時，我就覺得她是能幫助我改變命運的人，於是我堅定地跟著她學習。現在想想，也許是因為當初她的談話內容剛好觸動了我的感性基因。

　　跟她學習了4年，如今我有了和她一樣的夢想：幫助年輕人成長、成功。我也想和她一樣幫助更多的年輕人，希望他們能透過學習改變人生，而這一切我覺得都是命運的安排。

　　我從來沒有意識到，感性居然是我最大的優點之一。為了幫助更多人了解感性的力量，我決定寫下這本書，讓更多人可以發現自己的感性優勢，幫助大家成為更好的自己。

　　我知道很多朋友跟之前的我一樣，並沒有意識到感性力量的強大，甚至對感性有些錯誤的認知。如果你想要借助感性的力量改變自己，便需要了解並消除對它的誤解。

曾經你以為女性感性、男性理性

　　日常生活中，常見的偏見就是女性較感性、男性較理性。

實際上，從人類的生長發育來看，感性是最先形成的，它是自然流露出來的；理性則是人類在大腦發育和接受教育的過程中慢慢產生的，人需要經過一定的思考和學習才能擁有理性。無論男女，都有感性的一面，也有理性的一面，因為感性與理性是互相依存的。

曾經你以為在工作中，感性並不重要

另一種常見的偏見，是很多人覺得在工作中，更需要具備的是理性思考的能力，感性並不重要。不論是專案管理和企劃等，確實需要具備清晰的邏輯思考能力，因此需要更多的理性。

於是各大公司對員工進行更多的培訓和訓練，希望員工學會運用各種工具和數據分析來完成工作。但是，人和人之間的溝通是離不開感性，有了情感作為連接，人們才能彼此合作。所以說，感性在工作表現中是一個非常重要的因素。

曾經你以為感性是難以體會，無法學會的

一般人都有一種普遍的偏見，會覺得感性是難以體會和學習的，它很難像理性思維一樣，能用固定的方法和工具去

衡量和呈現，因此是很難學會的。之所以存在這種偏見，是因為很多人沒有發現感性的力量，也不知道如何修正或放大它的優勢。實際上感性是可以學會的，但前提是你要先發現它。

比如，對美好事物的追求，與人溝通的熱情，無私奉獻的善意等，都是感性的組成部分。若你有意識地去發現和培養它們，慢慢地你將變得更為感性。

在日常生活中，我很喜歡以觀察他人的方式來學習感性。一旦發現某個因為感性而獲得了好的結果，或者某個人因為感性得到了良好的回應，或是某個人透過感性的力量解決了某個問題，我就會思考他這些行為前後的關聯，並努力模仿他的樣子。我不斷地實踐感性的行為，讓自己變得更加感性，我會用心聆聽和換位思考，感受和享受感性帶給我的變化。

在生活和工作中，我也不斷運用感性的力量，為自己爭取更多的機會，得到更多貴人的幫助，感性讓我變得更加優秀，使我的人際關係更融洽。

說到對感性的刻意練習，憑借我對感性的理解，它其實

感性力量

並沒有那麼複雜和難以捉摸，就是感受他人的情緒、心情和感受，以及發現對方在乎什麼。

如果我們能換位思考，就能更理解他人以及人和人之間的關係是怎麼形成的。

感性是透過各種感官，包括視覺、聽覺、觸覺和嗅覺等被感受的。而理性是運用了以上各種感官之後，透過大腦對數據進行處理而得出的結論。也就是說，感性靠用心，理性靠用腦。很多時候，我們在做一件事情時，只要分清楚是內心想要去做、還是大腦想要去做，就知道自己是在運用感性還是理性了。

從先後順序上來說，我們大致可以認為感性優先於理性出現，感性力量是理性力量的先驅。由此可見，感性是前提條件。有一句話說：「感性是理性的家園，理性是感性的延伸。」人的許多行為活動都源自於感性，沒有感性就沒有理性。

以職業來說，很多人在求職時，都想要找到最適合自己的職業和職位。但在我看來，適不適合是一個陷阱題，因為三百六十行，行行出狀元。在不同的行業、不同的職位上，具備不同特質的人都有可能獲得成功。雖然起點不同，但終

Chapter 1　感性力量源自底層心理需求

點是一樣的。尋找職業的起點,就像在不同的地方打拼,不管我們是在山腳、山頂還是山腰,只要夠努力,最後都有可能得到成功。

所以我們根本沒必要糾結職業是否適合自己。因為我覺得職業定位解決的不是適任與否,而是願不願意和喜不喜歡的問題。有人用大腦工作一輩子,但內心從來沒有燃起對這份工作的熱情,這樣的人生我不敢想像。

比如,我們想畫一幅畫、想出去旅行或想跟別人溝通,首先要解決的是「想」的問題,這就是感性的展現。我一直相信,從心出發、從感性出發,是完成一件事情的泉源。在做任何事情之前,我們要先產生興趣,興趣是感性的,然後再把興趣變成愛好,在愛好的基礎上,逐漸探索這件事情背後的意義,發現它的價值,直到最後形成自己的價值觀。

就像伊隆・馬斯克(ElonMusk)要探索火星、拯救人類一樣。他整個事業的原點,都源自於感性。隨著越來越多人開始相信,他就把它變成了一個夢想。這個夢想也承載了更多人的夢想,使得更多的人跟他一起實現更大的可能性,這就是感性力量的強大之處。

回想自己的成長歷程,無論是我的原生家庭還是自己的

感性力量

　　小家庭都很美滿，在事業上也很順利，總會遇到貴人協助我往前行。朋友們對我也很好，大家都很認可我，我一直覺得自己是幸運的人。但和劉 Sir 聊過之後才發現，原來這一切都源於我的感性。

　　感性是一種能力，幫助我找到自己的終身事業和價值。在這個過程中，感性像是「右手」，一直帶領我探索內心深處最想要的；理性像是「左手」，服務於感性的願景。

Chapter 1　感性力量源自底層心理需求

感性是一種新的生活態度
● ●

在現代社會裡，有時候感性可能比理性更重要。因為人們通常靠理性認知世界，而靠感性連接世界。或者可以說，人們往往用感性感知問題，用理性解決問題。

很多人可能覺得，自己的感知能力不足，對外界的洞察不夠敏銳。實際上，大多數人都有這樣的困擾。因為很多人並沒有意識到感性力量的重要性，也沒想過感性是解決問題的能力之一。當然，大家也不必過分擔憂，根據我多年的經驗，感性其實是可以透過刻意練習而獲得的。

就我而言，洞察力強、比較感性等特質，是在從事護士工作時被逐漸修煉出來的。在醫院裡，每一件小事都事關患者的生命安危。這種人命關天的工作，要求自然會比其他職業高一些。

平日，一個病房基本上有五、六位患者，每一次巡房，

感性力量

我都要同時做以下幾項工作。

　　第一，是查看所有患者的面部狀況、生命體徵、輸液速度、心理狀態等；第二，是觀察病房中物品的放置情況，如果物品的位置錯亂了，要立刻把它們放回原位；第三，是關注患者家屬的情況，如果留宿的人多了，或者有人借了折疊軍床，我需要按照規定要求他們配合。

　　要顧及的事情這麼多，做到細而不亂就顯得非常關鍵。尤其是值夜班的時候，病房裡只有我一個護士，我更要提升工作效率。工作時，我會先觀察清楚病房究竟需要哪些東西，然後在治療室把所需的東西全部準備完畢，並儘量一次性將工作做完，能少跑一次就少跑一次。也就是說，學會統籌管理對高效工作而言是非常重要的。

　　在照顧手術後的患者時，我需要有強大的觀察力。比如，有的患者做了十二指腸手術，身上會帶十幾根管子，我要監測他的生命體徵，要觀察輸液進度，還要顧及各種引流管的情況。這些情況都是在即時變化的，作為一名守護患者生命安全的護士，我一定要在第一時間發現異常，甚至需要透過經驗預判患者將要發生的變化。

　　在日復一日的醫護工作中，我的洞察力得到了極大的鍛

鍊。感性力量也在日常對細節的觀察中變得越來越強。

　　大部分人都沒經歷過這樣的工作和生活，也就沒有練習感性的機會。但是我知道，一部分人之所以缺乏感性的力量，並不是因為他們過分關注自我或者性格內向，而是因為他們缺少刻意練習。只要堅持練習，感性力量是可以後天培養和學會的，這一點我深信不疑。

　　實際上，我是在關注人的過程中培養了自己的感性力量，只不過我採用的方式是「讀人」，是在生活經歷中向人學習。

　　小時候，由於父母外出工作，我跟著奶奶生活了 4 年，我那時只有 5 歲，奶奶對我的影響很大。奶奶說自己出生在舊社會，所以沒有上學。奶奶有一點重男輕女的觀念，對我特別嚴厲。我很怕挨罵，但又很喜歡聽她跟我講故事和唱歌。奶奶喜歡講的故事有《烏鴉反哺》等；她經常唱的歌有《北京的金山上》《大海航行靠舵手》等。

　　每次聽奶奶講故事、唱歌，我的腦海中都會浮現很多畫面。無形中，我的想像力和對情緒的感知力不斷得到鍛鍊。現在，我在與別人溝通時，很快就能在頭腦中構建畫面和場

景，也能很準確地感知對方的狀態，這與奶奶帶給我的影響密切相關。

在某些時候我甚至覺得，感性的人其實就是在按照自己的感覺生活，因為他們能準確感知自己和身邊的人。他們有一種很理想的人生狀態，輕鬆而自由。感性的人往往也有很多共同點，他們的這些特質使得他們成為更有魅力的人。

豐富的想像力

感性的人，思維大都非常活躍，有著天馬行空的想像力。比如我在和人聊天的時候，很可能聊著聊著就離題了，要再多聊上一會兒，才能回到正題。

由於思想活躍、很有想像力，感性的人在看到一個東西時，常會不自覺腦補。

好奇心旺盛

感性的人，大都好奇心極強，在發現一個感興趣的東西之後，很喜歡進行毫無邏輯可言的鑽研。我對組裝電腦、維修物品等，都產生過濃厚的興趣。願意主動嘗試，也是感性的人的共同特性。

Chapter 1　感性力量源自底層心理需求

20世紀80年代,家裡買了一台彩色電視機,我興奮地認為有彩色電視可以看了,沒想到電視機到家沒幾天,就被父親賣掉了。原因是父親又聽說有可以遙控的電視機,在那個時代,這種電視機特別少見,他想買一台試試。於是他拜託同事從國外買一台有遙控器的電視機回來。我仍然清晰地記得,那個遙控器可以嵌入電視機的面板,用力推一下又可以取出來操作電視,真的很有意思。

從小受到父親的影響,我也變得熱衷探索。從38歲找到我的老師張萌開始學習起,到現在41歲,我對學習有了更濃厚的興趣,如今我每天仍然保持著6小時的輸入時間、3小時的輸出時間,以及2小時的一對一幫助學員解決問題的時間,對看書也更感興趣了。有人問我:「張婷老師,你怎麼這麼愛學習?」我的回答是:「學習讓我發現世界原來如此美好。」

學得越多,我對這個無限大的世界就有了越多的探索和理解。書是作者探索的收穫分享,是作者以和我不一樣的視角對世界的解讀。我放棄了穩定的外企工作,將學習和分享知識變成自己一生的事業,很多人對此表示不理解,但對我來說,年過40才找到真正感興趣的事是很難能可貴的,我

感性力量

更願意把我喜歡的事情做成一份有意義、有價值的事業。用好奇心去探索知識，將所學的知識付諸實踐，使我看到一個多彩多姿的世界。

始終保有同理心

感性的人，通常極有同理心。我將同理心分成了三種境界：低層次的同理心，是能夠感知別人的情緒和需要；中層次的同理心，是關注別人，先人後己；高層次的同理心，是努力成就別人。

我在醫藥公司做業務的時候，就表現出極強的同理心。在得到訂單的關鍵時刻，有的用戶聲稱自己遇到了困難，出於一些原因不能下訂單，我知道這或許只是一種說辭，但我仍然選擇相信，繼續一如既往地為客戶服務。結果我付出了很多，業績往往不是第一名。轉換工作面試時，面試官問我，你在前公司業績是第一名嗎？我很坦誠地說：「不是」；他又問：「你與第一名的差距是什麼？」我說我的同理心太強，有時過於相信客戶。

我就是這樣的一個人，總是站在他人的角度想問題，習慣性地相信別人。很多人為我感到不平，但我依然相信自己

的選擇，我堅信只要我選擇相信，我聽到的真話一定比假話多。如今，我已在業界佔有一席之地，甚至小有名氣，這與我超強的同理心不無關係。我的同理心讓我更能夠給予使用者超出預期的服務，我也因此透過感性的力量得到了超出預期的收穫，所以我才想把這個感受分享給大家。我也認為，在與他人相處的過程中，感性可能比理性更重要。

感性連接，理性回饋

任何一個人都不會脫離社會獨立存在，人們從出生開始，就不斷與其他人互動、連接。在做事時，連接得越好，收到的回饋越正向；回饋越正向，連接也就越緊密。感性能幫助一個人更好地與他人連接。

在現今的時代，要想透過網路連接更多人，感性就變得更重要了。比如，很多人在網路上買東西靠的是一瞬間的感覺，為的是下單剎那的喜悅，至於東西到手之後的感覺，則是後來才需要考慮的問題。這一過程展現的，就是人們先產生了感性的連接，再收到理性的回饋。沒有感性的連接，人們之間就缺少認可和信任，理性的回饋也就無從談起。

善造夢想，影響他人

感性的人善於想像，能在頭腦中建構清晰的藍圖和夢想。他們是有夢想的人，有內在動力的人。透過夢想，他們可以影響自己身邊的人，呼籲對方加入自己，一起創造更多的可能性。他們也可以調動更多的資源，透過感性的連接盡可能地實現別人的夢想。

獨一無二，突顯價值

有時無法用固定的理性標準去衡量一個人的價值，感性或許更能突顯個體的價值感。我是個特別熱愛美食、喜歡做美食的人，經常會用「吃」來為我的學員們舉例。很多人說，上我的課必須要吃飽，不然容易上一上就太餓了受不了。我們一起用烹飪來解釋一下什麼是感性，就拿中國人和外國人做菜來打個簡單的比喻。中國人做菜大部分靠感性，鹽少許、白糖適量等，雖然沒有經過精巧的計算，卻能做出好吃的食物，而且每個人做出來的味道都不一樣。而很多外國人做菜偏理性，加入鹽 3 克、白糖 5 克，煮 3 分鐘後盛盤等。他們有可衡量的標準，可是做出來的料理味道千篇一律。

我們之所以總覺得媽媽做的飯最好吃，就是因為她做的

Chapter 1 感性力量源自底層心理需求

飯的味道是獨一無二的,是充滿感性和不可替代的。

我們喜歡的老師也是一樣的,每個老師都有自己的故事和經歷,會在講課的時候融入感性的元素。正是這些感性元素,讓一節課變得獨一無二。

未來的世界,如果說會有一種能力被永久地留下來,那我希望是感性的能力。隨著科技的發展,理性的東西可以被冷冰冰的機器所替代,而有溫度的感性力量是無法被替代的。

感性力量

追逐焦點不等於盲目跟風
●　●

　　為什麼一些涉及財富、兩性關係、衝突類內容的文章能夠吸引人的眼球？因為它們與人的欲望緊密相連。對於欲望，很多人不屑一顧，甚至覺得它是可恥的。還有些人「談欲望色變」，遇見與欲望有關的話題，一句話都不想多說。

　　實際上，這不過是一種自欺欺人的做法。每個人都有欲望，它不僅無法被否定，無法被隱藏，而且它還和感性有著密不可分的關係。

　　當然，很多人之所以會被焦點吸引，是因為按照常理來說，那些事情不會發生在自己身上，他們會想像它們發生在自己身上會是什麼情景。還有很多追逐焦點的人，總覺得即便不能親身參與，也要圍觀一下。而越多的人關注和參與，焦點就越熱門，吸引到的人就越多，這是感性力量帶來的結果。

但相比焦點，我更願意追逐真善美。

嚮往財富是渴望改善生活狀態

自古以來，財富和生活狀態都有非常直接的聯繫，所有人都希望與家人過上更好的生活，擁有財富自由。這是人的底層需求，所以關注金錢和財富是人的天性使然，是感性在發揮作用。

兩性關係展現了人們最基本的生理需求

在人的底層需求中，生理需求是首先需要被滿足的。在這一需求得到滿足的情況下，人類才得以發展和延續。因此，正常談兩性關係並不可恥。

衝突則展現了人們對安全感的渴望

當衝突或者暴力事件發生時，很多人在對受害者表示同情的同時還會展開豐富的想像：如果受傷害的是自己，自己要怎麼做才能把傷害減到最低。這反映了人們對安全感的渴望，沒有人希望自己受到傷害。

對真善美的追求是人的本性

人之初,性本善。對真善美的追求是人的本性。

比如羽生結弦,他是日本的花式滑冰選手,患有氣喘病。為了鍛鍊身體,同時克服哮喘,他付出了比常人更大的努力,最終取得了令人矚目的成績。他從一個最不適合滑冰的人,變成了最適合滑冰的人。他的經歷使人備受鼓舞,他也成了很多人的偶像,可以說是花滑成就了他。

類似這樣的焦點我覺得是值得追逐的。首先,大家都喜歡真的東西、美的東西,另外,它們能給我們帶來正向思考。當然,追求欲望這件事本身並沒有好壞之分,可是追求美好的東西更能推動文明向前發展,實現人類社會的不斷進步。

不好的焦點有時會帶來不好的影響。所以,在某些情況下,需要用理性把感性包裹起來,給予相應的約束。這裡的理性指的就是道德、法律等。

它們就像是兩股力量,它們之間的較量像冰與火的較量。用理性約束自己是人類這一群體在共同進化、長久生存的過程中達成的共識。無止境的欲望可能對別人造成傷害,也會阻礙人類社會的健康發展。如果在一個社會裡,大家都只為了自己的欲望而活,將導致混亂無序。

所以，在追求過於感性的東西時，我們一定要再清醒、再理性一些。不能僅從自己的角度看待它們，還要顧及身邊的人甚至整個社會。感性只是一個觸發點，理性對人類文明的推動和發展也發揮了不可替代的作用。

我一直覺得，焦點存在的意義，便是推動我們透過感性去省視一些事。

孔子曰：「三人行，必有我師焉。擇其善者而從之，其不善者而改之。」很多人往往只記得前半句，知道向別人學習的重要性，而忽視了後半句。我們在學習時是要進行選擇的，對焦點裡正面和積極的東西，我們可以去學習；對負面和消極的東西，我們則要努力規避。

任何一件事情都有兩面性，我們要學會辯證地看待問題。尤其是在面對爭議性很大的焦點時，更要保持清醒，堅持自己對真善美的追求。

我想，對焦點的底層原因有一定的瞭解，以及對焦點背後感性動機進行探求，是追逐焦點的前提。這些前提可以幫助我們客觀、辯證地看待，以免盲目跟風。

尤其在今天這樣一個個體崛起的時代，我們應該以真善

感性力量

美作為衡量的標竿。

Chapter 1　感性力量源自底層心理需求

愛美不在表面，而在內心

人對美的事物總是情有獨鍾。美的事物不僅會給人帶來視覺上的享受，還會讓人產生心理上的愉悅，追求美好事物實際上滿足的是人們的感性需求。

那麼，我們應該怎麼看待和理解美的價值呢？

美會為人的心靈帶來震撼

我們在看美的場景、美的畫面時，無論它們是人工的還是天然的，都能感受到震撼。但當我們理性地去分析某個畫面用了多少種顏色，某類氣象是在什麼物理條件下形成的時候，美感會瞬間消失。理性可能讓我們恍然大悟，或者幫我們解決一些問題，它的實用性或許更強，可是它也許很難讓我們感受到來自心靈深處的震撼。

美能帶來生產力

　　一直以來,人們在追求美好的事物時,都有自己的審美標準。每個人標準不同,這也讓世界更加多彩多姿。一旦社會中的審美標準被統一化,那人們對美的追求就失去了意義。

　　一個人有了愛美的標準,知道自己想要什麼樣的美,將可能有更多元的追求,才會在好的基礎上追求更高水準、更豐富多彩的美。人們在對各種美好事物展開追求時,對這個世界才會有更多的探索,進而變得更加積極、更有動力,這就是美帶來的生產力和推動力。

美會由內而外地散發

　　真正的美並不單純存在於事物表面,甚至可以說,美自始至終都是由內而外散發出來的。

　　比如,當我們覺得一個美女很有氣質時,首先是欣賞到了她的外在美,但她內在的狀態一定也是影響她氣質的因素之一。又或者說,她很知性、很有智慧,因為她一定做了相應的學習和修煉。這些東西,我們從表面上看不到,但它們才是讓美女有氣質的關鍵。

所以我常說，賞花賞其根。如果一個人只有一副好的皮囊，內在是匱乏的，那他的美便經不起推敲。真正的美，一定是有內涵的，是由內而外散發出來的。

感性美可以提升美感

感性的人，更容易理解美也更願意追求美，所以他們的美感提升得也更快。實際上，我之前一直覺得自己美感度不高，但後來的一些事情證明，也許我想錯了。

女兒5歲的時候，我幫她報了一個小小模特兒體驗班。老師請家長為孩子設計服裝來參加比賽。我沒學過畫圖也沒學過設計，根本不知道具體應該怎麼做，只好憑自己的感覺從網路上買了一些服裝材料，沒想到搭配出來後的效果特別驚豔。

那次比賽，我和女兒得了兩個獎，一個是她作為小模特兒拿到的名次，一個是服裝設計獎。後來，每次看到當時的照片時，我都覺得自己的設計很棒，但是我不知道當時的自己具體是怎麼設計出來的。

很多人可能不相信，感性會發揮這麼大的作用。從專業審美的角度來說，美是有比例的，是有衡量標準的，人們要

感性力量

經過一定的專業訓練才能學會審美。但在我看來，審美更多是一種發自內心的情感需求。我雖然不知道服裝搭配的邏輯，也不知道審美的原理。可是我知道什麼好看、什麼讓人舒服。只要不斷地與美的事物接觸，即便說不出它美在哪裡，對美的感性認知也會提升很多，美感也會比之前更高一些。

語言表達上的美也是一樣。我聽過一個老師的口才課，有一節課他談到人的左腦和右腦可以共同調動12種思維。提到右腦的時候，他講了韻律感、對比等各種修辭手法。提到左腦時，他主要聚焦在各種視角的變化上。

我覺得他講得很美，對這堂課的印象也非常深刻。然後，我把這節課分享給了跟我學習口才的學員。我也熟練地運用左腦和右腦相互結合的表達方式，來為學員授課、為粉絲做直播。大家都很喜歡這種感覺，都被我講的內容深深吸引。

我雖然沒有接受過寫作訓練，也沒有接受過專業的口才訓練和表達訓練，但是感性的力量彷彿自然地賦予了我這些能力，甚至有專業的口才老師和作文老師也來聽我講的課。

無論視覺上的審美，還是語言表達上的美，都展現了人們情感和精神層面的追求，都是感性的表現。就我的經歷來

說，美感的提升不一定非要透過專業的學習。因為領悟感性的美不需要精通黃金分割點、構圖，而是需要人們與心靈美的人及美好的事物多接觸。美在生活中無處不在，我們學會發現美，才能感受美。

大家都很嚮往美好的事物，也會不知不覺地靠近美，透過感性的美感染身邊的人，這種美更接地氣也比較受歡迎。

美會促使人努力不懈

人們對美的追求是沒有盡頭的。隨著審美水準的提高，人們對美的要求會越來越高。為了追求更高層次的美，人們會持續努力、堅持不懈、精益求精。

我看過一部電影，說的是達文西奇在畫《最後的晚餐》時發生的事，第一次畫完這張畫後他發現，畫面上在屋簷下坐著的人離屋簷太近了，如果站起來就會碰到頭。別人勸他說，反正那個人是坐著，這樣就行了。達文西卻說不行，這樣不符合常理，看起來也有點壓抑，於是又重新畫了一遍。

人們對美好的事物情有獨鍾，展現了一種感性的需要。透過感性學習美、審視美，是符合人性本能的。

感性力量

感性帶來的上癮機制
‧‧

提到感性,「上癮」往往是一個很難避開的話題,它源於情緒和欲望,是感性力量中不可忽視的重要組成部分。

我身邊有很多人,一聽到「上癮」兩個字便退避三舍。我知道,他們可能聯想到了一些不好的上癮習慣,比如抽煙、喝酒、打電動、滑手機等。這些上癮習慣確實會給人帶來負面印象,很多人也把上癮看作貶義詞。

實際上,上癮本身並沒有好壞之分,而是要從上癮對象進行判斷。比如對學習上癮、對看書上癮、對做諮詢顧問上癮等,這些都是積極的表現,這種上癮對人的正向影響顯然更多。上癮本身是人們的一種感性需求或者說情感依託,只是某些時候人們對不恰當的事物上癮的程度太深,對它產生了負面看法。

很多人癡迷於網購,覺得自己中了賣家的陷阱了。但從

Chapter 1　感性力量源自底層心理需求

心理層面來說,網路購物其實滿足了人們的很多需求。

第一,網上產品琳瑯滿目,選擇範圍極廣;第二,人們足不出戶就能購物,還能在家收快遞;第三,一些代購的產品品質優良、性價比高;第四,網上的商品價格相對低廉,能幫人們省下不少錢。

正是因為網購能滿足這些需求,才會有人對它上癮而越買越多,購物欲越來越強,這是上癮帶來的負面作用。

可是如果換個角度,從本質上看待上癮背後的心理機制,那麼上癮便可以反過來為人所用。假如一個人能透過上癮建立好的習慣,他便可以讓自己變得更加優秀。

人之所以上癮,是因為某件事順應人性,能給人及時的回饋。從心理學的增強閉環思維效應來看,一個人如果每一次努力都能得到很好的回饋,他就會有積極改變的動力。這種動力不是一股單一的力量,而是很多小的力量,逐漸讓人產生改變。

我跟著張萌老師學習就是這樣一個過程。我決定開始學習的時候已經 38 歲了,很擔心自己跟不上、學不會,但是既然決定要做就不會放棄。所以,在學習時我首先想的,就是一定要學得更快、更多。

當時，我只是按照自己的想法學，也沒做什麼具體的學習規劃，但結果很好，我的改變也很大。到今天，總結自己的經驗，我發現我的感性在這一過程中發揮了重要作用，它讓我慢慢地對幫助別人這件事情上癮。

具體來說，我主要做到了以下幾點。

找一個你很想超越的目標

我的起步比較晚，張萌老師的大部分學員都比我年輕，而且她們的學習能力也明顯比我強很多。只有大專學歷的我看到了自己的不足，我想我應該找一個目標榜樣，這樣才能更快地進步。

我很認真地觀察了一段時間，找了幾個對象作為榜樣，將自己的學習結果與她們比較，從文字到思維導圖一一確認，一樣一樣地提升自己。我還增加了知識輸入和輸出的時間，每天聽課 6 小時以上。我以幫助自己和其他同學解決問題為學習目標，每天花 3 小時幫同學整理上課內容，同時用 2 小時強化口才練習。我知道，想追上那些比我優秀、學習能力更強的同學，就必須付出更多的時間、更多的努力。這個目標給我帶來了力量，也幫助我在日後的學習中持續不斷

地努力。我用 10 個月的時間透過學習變現近百萬元,我欣喜地向張萌老師彙報,同時總結出自己的成功心法:擁抱挑戰,用努力譜寫優秀!

持續用正向回饋激勵自己

我堅持學習的動機和目標,是解決自己或學員的問題。我最想做的事情,就是幫助曾經和我一樣面臨生活難題與困境的人,分析問題的本質,找到解決方案;提升解決問題的能力,進而解決問題。很多學員透過留言或打電話的方式給了我積極回饋,證實了這路徑確實能幫助他們。每次跟學員交流或者直播時,我都能得到很多的正向回饋。不僅僅是語言上的回饋,學員們的狀態也發生了變化。我發現我越來越熱愛自己的工作,喜歡上了學習知識再用知識幫助他人解決問題,這種「上癮」的感覺。與醫生治病救人一樣,我不但是「醫生」還成了一位醫術高明、可以治療一些疑難雜症的「醫生」。我和我的團隊在一起,就好像開了一家人生 CEO(ChiefExecutiveOfficer,首席執行官)系統醫院,不但能夠精準地發現問題,還能夠耐心地幫助人們解決問題。因此,我更願意堅持每天學習和輸出,讓自己不斷升級,解決更高

感性力量

難度的問題。現在的我不僅可以幫助個人解決問題，還能在創業和團隊優化升級領域上幫助企業，持續的學習形成了一個正向迴圈。

當一個人在做一份既熱愛又有回報的事業時，他會不斷得到正向回饋，在不知不覺中上癮。一旦上癮，人們多會發揮更大的主觀能動性，讓自己和身邊的人變得更加強大、更加優秀。

總結這個階段的學習過程時我意識到，感性的力量一直在推動著我。我使用了在醫院時的工作思路，我沒有制訂嚴謹的學習計畫，也沒設想自己在某個階段應達到什麼樣的成就，只是跟著感覺，覺得怎麼做是對的就怎麼去做。我為自己制訂的種種標準也沒太經過理性的分析，只有一個很感性的要求：一定要改變自己的命運！感性力量一直在發揮作用。

CHAPTER

2

高情商
就是
擁有好的感知情緒

感性力量

情商是一種情緒智力
• •

　　提到情商,很多人都覺得它是一種察言觀色的能力,是能與別人融洽相處,讓別人感覺舒服的能力。

　　可是在我看來,情商應該是一種情緒智力。一般來說,情緒有積極的、消極的、正面的和負面的。積極、正面的情緒,類似相信光明、敢於嘗試、期待友善;消極、負面的情緒,類似陷入黑暗、拒絕前進、製造摩擦。

　　高情商的人,往往能透過情緒影響和帶動別人,進而獲得更多人的認同和幫助。成功的人之所以能連接很多的人幫助自己,主要是因為他們能給他人帶來情緒價值。

　　有些人看待成功的角度跟我不一樣,看到別人成功,覺得只是那些人運氣好。我不否認,人的成功確實需要一些運氣。但是,運氣並不是隨隨便便降臨到某個人頭上的。

　　一個人要有努力的過程,要能說又能做,還要被更多的

人所信任,才能接近成功。換句話說,高情商會給人帶來好運氣,好運氣能夠助人成功。

那麼,情商對個人和他人來說,又有什麼樣的意義和價值呢?

感知場合利於精準定位

談情商一定要在具體的場合裡,也就是我所說的道。人們要對場合有一定的感知,然後基於場合定義自己的身份,以及自己將要做的事情。如該說什麼話、該採用什麼姿勢、該如何使用表情等等。若分不清楚場合,人們在說話時往往容易犯錯。比如有些明星,若在某個場合高估了自己的地位,說出一些與身份不相符的話,哪怕只有一句,也可能毀掉他苦心經營的形象,甚至使他在娛樂圈銷聲匿跡。其實,我也犯過這樣的錯誤。

我的父親是一名普通的鐵路員工,他除了對自己的專業領域十分瞭解,在木工、電工、水電工、家電維修等他也很拿手,他甚至會用縫紉機做衣服、織毛衣。人人都誇我父親心細手巧,親切地叫他「張萬能」。但父親性格直爽,說話很容易得罪人。小時候我不懂事,只覺得父親好厲害,但同

感性力量

時我也跟他一樣容易說話得罪人。20多歲時,我在醫院當實習生,因為不分場合地說話,還與別人打了一架。

2002年,我在北京的一家醫院實習,我是我們學校在該院的實習負責人。當時的我情商簡直是負數,做了很多事,卻總吃力不討好。有一天,因為一件雞毛蒜皮的小事,我唸了一位同學,對方招架不住我的毒舌,氣得滿臉通紅,她的好朋友看不下去了,出於義氣站出來跟我打了一架。20多歲的我因為情商低和人打架,你們可能無法想像。打完架後我忽然意識到,因為說話方式不對,我讓身邊的人很不開心,大家都不喜歡我,這是不對的,是我的問題,我知道我一定要做出改變。一個人從原生家庭中學來的處世方式,無論是正確或錯誤的,均將得到來自社會的回饋。

讓自己和別人同時感覺自在

經過仔細觀察,我發現身邊有很多情商高的人。他們的高明之處,不僅在於能分清場合,知道該說什麼不該說什麼;更在於他們總能讓自己和別人同時感到自在,讓別人很喜歡和他們在一起。

在腫瘤特別病房工作時,我認識了一位護士長。她的年

Chapter 2　高情商就是擁有好的感知情緒

齡比我大 10 歲，由於太喜歡她，我們親切地稱她為「英子媽」。她來沒幾天，就能讓科室裡一片歡聲笑語，讓沉悶的腫瘤病房有了更多的生機。她有一種超級魔力，整個醫院的工作人員都是她的好朋友。她打破了醫生和護士之間的界限，醫生和護士不但在工作中合作更加有默契，還會在下班後一起聚會、吃飯。英子護士長的高情商，在她說話、做事的時候展現得淋漓盡致。當她很真摯地表揚一個同事時，其他同事也會感到與有榮焉，激發大家的工作熱情。

　　經過仔細觀察，我發自內心地佩服她，努力向她學習。在這個過程中，我對情商產生了很多新的認知。後來，我改行去藥廠當業務，情商變得更重要了。我在每天的工作中不斷地練習，情商也慢慢提升。如今，很多人甚至會給我貼一個「高情商」的標籤，我自己也成為具有高情商、好口才的講師，我的「高情商好口才訓練營」成為學生們最喜愛的課程之一。

　　回頭看看自己這些年的經歷，我從一個情商是負數的人，變成可以指導其他人提升情商的老師。我的情商在不斷地提升，眼界也在不斷地變得開闊。我能感知和包容的人與情緒越來越多，讓自己和別人同時感覺自在的能力也越來越強。

情緒價值更能打動人

提供價值可以使生命變得有意義。很多人說，我每天工作花費了大量的時間、精力和體力，一直在創造價值，也在給別人提供價值。這種價值，主要是人力價值和物質價值。

可是，隨著社會的發展和進步，我們會發現人們的需求層次在不斷提升。根據馬斯洛需求理論，我們的需求已經上升到精神追求的層次。高情商的人，可以遊刃有餘地與人相處，能夠為別人提供更多的情緒價值。

有些人覺得，提供情緒價值是一件很難的事情。根據個人經驗，其實每個人都能做好這件事，我們所能提供的最簡單的情緒價值，就是對別人微笑。這一點，我在直播間中實踐過無數次。很多朋友都跟我說，我的笑容很有感染力，令他們有一種被治癒的感覺。

可惜微笑的力量被很多人忽視了。想像一下，當你和一個人接觸，你是喜歡他滿臉笑容還是喜歡他臭著一張臉？如果你喜歡別人笑，那別人也一定喜歡你笑。這是一種感性力量的傳遞，是情緒價值的最簡單的展現。

高情商的人很會用微笑打動人，讓別人產生舒服自在的感覺。下次在面對別人時，試著嘴角上揚，輕鬆微笑。

Chapter 2　高情商就是擁有好的感知情緒

情商就是認識自己的情緒

　　前面已經說過，情商是一種情緒智力。情商高的人對自己一定有著非常清晰的認知。而且他們也知道，要先瞭解自己的情緒，再為別人提供情緒價值。

　　很多時候，我們之所以無法判斷和整理自己的情緒，其實是因為對自己不夠瞭解。跟別人發生衝突時，大多數情況下都沒有意識到自己已經陷進去了，這時候我們會表現得像動物一樣，沒有辦法理智地克制自己，察覺自己的狀況，要從負面情緒中抽離出來當然很難。

　　《西遊記》裡有一句話叫「看見即降服」，即菩薩一來，只需要喊一聲妖怪的名字，原本孫悟空都打不過的妖魔鬼怪就立即現出原形。如果我們將那些妖魔鬼怪看成是人的負面情緒，你就會發現，只要透過現象覺察自己的消極情緒，就有可能消除它們。

究竟應該怎麼覺察和判斷自己的情緒呢？

根據我的經驗，觀察對方的反應，其實是一個好方法。我們可以透過觀察別人的情緒，反過來思考自己的狀態，判斷自己的情緒。

感受得多了，人慢慢地就覺醒了。當然要注意，對別人的觀察不是卑微地去迎合或者奉承別人，而是透過別人發現自己，對自己的情緒進行檢驗。我們只有把別人當作鏡子，照一照自己的負面情緒，才能夠更好地修煉自己。

那麼，在覺察自己的負面情緒之後，應該怎樣去調整自己呢？下面我將分享幾個常用的小技巧。

想像自己手裡拿著帶皮的水果

我們可以想像一下，自己手裡拿著橘子或香蕉這類帶皮的水果。再把水果的皮，想成我們的負面情緒。在負面情緒出現時，我們應儘快意識到自己的情緒不好了，也就是前面提到的「看見」，然後再把想像中的水果皮慢慢地、一塊一塊地剝下來，剝完之後把它們扔到垃圾桶裡，表示負面情緒已被扔掉。我們也可以真的拿水果，做上述的動作。

我們要減少負面情緒帶來的影響，就要看清它本來的樣

Chapter 2　高情商就是擁有好的感知情緒

子。只有做到這一點，才能客觀地看待當前的局面，進而做出正確的選擇。

給自己心理暗示

　　我在醫院當護士時見到了很多生死離別的場面，以至於後來覺得，這個世界上除了生死，沒有其它更重要的大事了。

　　我在護理患者時，也看到很多人在和死亡做鬥爭。這樣的事情經歷得多了，對很多事情就看得淡了。

　　女兒打籃球時膝蓋受傷了，流了很多血，她很委屈、情緒也很不好。換作是別的家長，可能會急急忙忙地把孩子送到醫院包紮。但我只是拿消毒水沖洗了一下，連一句安慰的話都沒有，孩子覺得很委屈。我對她說：「你這點小事算什麼啊，媽媽以前在醫院，比這嚴重的情況看得多了，籃球這種運動本來就有激烈的對抗和碰撞，受點傷很正常。」

　　遇到類似的事情，我也總是暗示自己，只要不涉及生死，便算是小事。一直這樣想，我的負面情緒就自然而然地消失了。

感性力量

用合適的方式進行客觀表達

　　人在情緒之中，往往容易衝動，脫口而出的話有時會帶來一些無法挽回的後果。在面對這種情況時，雖然該說的我一定會說，但不會口不擇言。我通常用感性的方式先對對方的情緒表示體諒，等對方將情緒調整到一個平和的狀態，再跟對方討論問題。

　　在這一過程中人們無須思考，只需要使情感自然流露。在溝通中，環境和場景都很重要，它們對溝通過程和結果有很大的影響。我們要用讓對方感到舒服的方式講話，用對方最易接受的方式表達。

　　當然，我們並不需要去適應所有的人，也可以讓別人適應我們，用自己感覺最舒服的方式和別人接觸。

　　我們不僅要耐心地把話表達清楚，還要告訴別人我們自己的立場是什麼，更要有同理心，站在對方的角度思考問題，用合適的方式表達。

　　能力高的人，站在高位，處於優勢地位，要學會照顧他人的感受，用對方覺得舒服的方式表達。

　　能力低的人，不要看輕自己，這樣反倒讓對方不舒服。不如先試著讓自己舒服，不卑不亢地表達。

Chapter 2　高情商就是擁有好的感知情緒

　　能力相近的人是背靠背的關係，雙方需要信任，一起把該做的事情做好，並平等、直接地表達自己的觀點。

感性力量

掌握情緒四象限理論
● ●

每個人都有自己的情緒,這些情緒會在特定的場景中產生。但是因為針對的對象不同,它們的外在展現形式也有所不同。

越是在親近的人面前,我們越容易表現出糟糕的情緒。我們的焦慮、憤怒、嫉妒、悲觀和冷漠,都更容易留給身邊最親近的人。

為什麼會這樣?從科學的角度來說,是因為人們都有感性腦和理性腦。

丹尼爾・卡尼曼(DanielKahneman)在他的《思考,快與慢》中講到,人的大腦分為感性腦和理性腦。感性腦總是透過情感、經驗和記憶,迅速做出判斷和反應。它看起來見多識廣比較勤快,但是也很容易被各種偏見引導,做出錯誤的選擇。理性腦慣於調動注意力,透過邏輯計算、推理來

Chapter 2　高情商就是擁有好的感知情緒

分析和解決問題並做出決定，它會比較慢，看起來有點懶，經常走捷徑但不容易犯錯。

人們在動用理性腦時，需要消耗更多的能量、氧氣，損耗更多的腦細胞。所以，對於最活躍、最聰明的大腦來說，理性思考從來都不是第一選擇，這其實也符合自然界的省力原則。

在面對情緒問題時，人們的大腦同樣會遵循這一原則。人們在親近的人面前不想費力思考，所以說話往往不過腦子，把糟糕的情緒都發洩出來。

下圖為情緒四象限理論模型。

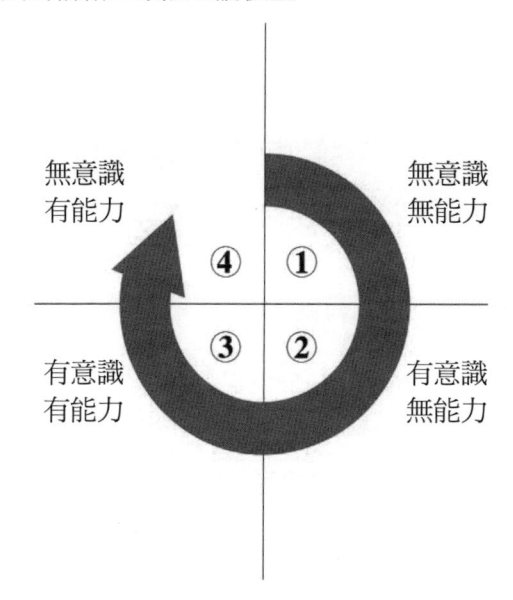

無意識　　　　　　　無意識
有能力　　　　　　　無能力
　　　　　④　①
　　　　　③　②
有意識　　　　　　　有意識
有能力　　　　　　　無能力

第一象限，無意識、無能力

在這一階段，我無法發現也無法控制自己的情緒，感覺嘲諷別人很爽，事後回想，簡直就是站在愚昧的巔峰。

第二象限，有意識、無能力

在這一階段，我開始對情緒控制有了意識。以我自己來說，我已經意識到情商的價值，但還沒能擁有高情商。我看到情商高的護士長，意識到自己需要提升情商並向她學習。

第三象限，有意識、有能力

在這一階段，我有意識並可以控制自己的情緒，我早已意識到情商的價值，也透過刻意修煉擁有了高情商。用高情商給我的客戶提供了情緒價值，在完成銷售工作的同時，我說話已經能讓人很舒服。

第四象限，無意識、有能力

在這一階段，我運用自己的情緒為他人提供情緒價值，別人都說我情商高。我說話仍是脫口而出，通常沒有刻意措辭，也儘量做到了讓他人聽起來覺得舒服。

Chapter 2　高情商就是擁有好的感知情緒

　　擁有高情商的人，一般都會經歷這四個階段。在不同的階段，面對不同的人群，我們也有著不同的指導策略。

　　從第一象限到第二象限，只需提醒他即可。這個階段用責備、責罵的方式提醒別人是於事無補的。因為在對方既無意識又無能力時對他指指點點，對方首先感受到的是被責罵，第一選擇一定是對抗。我們要做的只是提醒他情商有多重要，讓他先產生提升情商的意識。

　　第二象限到第三象限，需要教方法。在這個階段，對方已經有了想要提升情商的意識，只是找不到方法。我們要做的，是真誠地給出建議和方法，幫助對方提升能力。

　　第三象限到第四象限，形成習慣。在這個階段，對方需要的是將情商方面的知識內化成自己的東西。我們要做的，是不斷幫對方做強化練習，使其把高情商變成一種自然的釋放。掌握這個四象限法則後，面對糟糕的情緒，我大部分時候可以找到合適的解決辦法。它能實在地幫助到我，讓我可以用不同的視角重新看待身邊的一切。在為別人解決情緒困擾時，它也常常有意想不到的作用。

感性力量

有一天，在一個會議室中，一名學員向我提問。她說她很困惑，她幫妹妹帶孩子時就帶得很好；但在帶自己孩子時，就總覺得心累，感覺自己說什麼孩子都要反駁，孩子很叛逆又不聽話。她既著急又有一種無力感，覺得似乎越是用力，事情的結果越不好，問我應該怎麼辦。

聽了她的描述，我感同身受。因為我在帶侄女和自己的孩子時，也有過這樣的感覺，我發現別人家的孩子好像更願意聽我的話，我也更願意心平氣和地跟那個孩子說話。

所以在帶孩子時，我們要有一種思維，那就是把自己家的孩子當成別人家的。我們可以想像這個孩子是別人家的，只是暫時寄養在自己家裡，這種心態可以在無形中幫我們解決很多親子矛盾。

這讓我想到了我國中時的班導師，她教學時特別用心，曾經教出很多學霸，同學們都很喜歡她，她也很喜歡跟同學們互動。

可是自己的孩子犯錯，她就像「母老虎」一樣，不是對孩子咆哮就是體罰。她的孩子和我是同班同學，老師會在上課時訓斥自己的孩子，嚇得全班同學都不敢吭一聲。為什麼老師教我們時總是心平氣和，可是一面對自己的孩子，就這

Chapter 2　高情商就是擁有好的感知情緒

麼沒耐心呢？

結合學員的困擾和自己的種種經歷，我意識到，原來大部分家長都一樣，可以教別人的孩子，但就是教不了自己的孩子。

對象不同，人的情緒表達方式也會有所不同。展現在外面的東西，其實不一定是人們內心的真實寫照。先學會識別情緒，我們才能好好地整理情緒，擁有更高的情商。

而且在日常生活中，我們要刻意培養一種能力，試著努力看到事物積極的一面。多關注一些令人開心的時刻，以此降低負面資訊的影響。當這種能力達到足夠高的程度時，在遇到某些情況之後，我們就可以憑著慣性消除糟糕情緒。

換位思考也是利他思維

關於同理心和換位思考，有太多的人進行過太多的討論。想擁有這兩種思維，需要站在對方的視角理解對方，高效地接收對方的話，並抓到重點，保證後續溝通順暢地展開。

對於換位思考，我有幾種不同的解讀角度供大家參考。

拿你所有的，換你想要的

很多時候，換位思考可以解決問題，不能換位思考則會讓事情變得更糟糕。

事情就是有事有情。事的層面，是要有共同的意見，需要大家先解決一個問題；情的層面，包含了自己的需求和別人的需求。雙方一起做一件事情，能夠產生交集的部分，就是共同的目標；沒有交集的部分，是需求有所不同的表現。

所以，我們一定要了解，人與人的交集，其實也是彼此

的利益結合之處。在某個時刻、某種場合，人們會形成某種共同利益。為了達成共識，磨刀不誤砍柴工，人們會先去滿足別人的需求，經過換位思考，問題也更容易得到解決。

也就是說，想要得到要先付出。拿你所有的，換你想要的，這樣你便可以在滿足別人的基礎上解決事情。

情緒 ABC 理論

心理學研究發現，很多時候人們在遇到一件麻煩事時，往往容易憑直覺對人發火，出現對人不對事的情況。在大部分情況下，並不是事情對人造成了傷害，而是人對待這件事的態度傷害了自己，這就是心理學上著名的情緒 ABC 理論。

這一理論是由美國心理學家阿爾伯特・艾利斯（AlbertEllis）創建的，A（Activatingevent）是指激發事件，B（Belief）是指個體對激發事件 A 的認知和評價及產生的信念，C（Consequence）是指行為後果。

這個理論認為，A 只是引發 C 的間接原因，而引起 C 的直接原因是 B。

舉個例子，員工工作不認真，這是 A；主管非常生氣，這是 C。很多主管覺得，是因為 A 所以才有 C。實際上呢，

A和C並沒有直接的因果關係，其中還有一個B在發揮作用，這個B就是主管的信念。

這個信念是什麼呢？是主管認為員工不服管教、消極怠工，無法體諒主管的苦心，搞不清楚工作的意義是什麼。有了這樣的信念，主管覺得員工與自己的期待不符，才會有生氣的感受。

在與員工溝通時，主管要明白，一個人對一件事情不正確的認知和評價，而產生的錯誤信念才是導致情緒爆發這一結果的直接原因。在面對情緒問題時，主管應先冷靜下來，客觀地進行分析，這樣才能減少錯誤信念帶來的影響。如果主管的信念B能夠有所改變，他會這樣想：自己給員工安排的工作太多、太難了，超出了員工可承受的能力範圍，所以員工才無心工作。此時，他就不會因為員工的表現而生氣了。

換位思考是人性驅動的。想讓對方更認同你，你就要先理解對方，這是符合人性和需求的做法。試著理解別人在做的事情，讓自己的靈魂住進別人的皮囊，然後觀察、體會別人的經歷。感性的人往往很擅長抓住別人內心的真實需求。

換位思考是與人打交道時最重要的法則之一。因為視角決定立場，你以什麼視角去看待事情，往往決定了你最終會

以什麼立場去解決這件事。你需要的視角，更多的是對方的視角，而不僅僅是你自己的。為對方考慮的越多，你能得到的回報也將越多。

那麼，怎麼才能更好地看待和解決問題呢？

看到並接受不同

每個人的生活是不同的，經歷是有差異的。比如每個人的性格不同、職業不同，原生家庭的成長環境不同等等。在個人意識中，你首先要瞭解和接納人與人的不同。看到和接受別人與自己的不同，才能避免陷入以己度人的陷阱。從某種意義上說，在做事的過程中，換位思考是開展良好溝通和合作的基礎。

用善意揣測對方

很多人口中的感同身受，其實不過是一種自以為是的感覺。我認為，這個世界上往往沒有絕對的或者完全的感同身受。在換位思考時，我們要做的是理解人性，透過想像和感性的力量，盡可能地體會他人的感受，並滿足他人的需求，給予他們應有的幫助。

在這個過程中，有一個很需要關注的小細節。那就是一定要用最大的善意揣測別人，儘可能地抱著利他思維看待和解決問題。

找到關鍵原因

一個問題有各式各樣的發生原因。換位思考的目的，就是要找到那個關鍵原因。

很多時候，在遇到複雜的問題時，人們更喜歡過度腦補畫面，把責任歸咎於某個人，甚至是推託給某個人。但是在過度關注所謂的責任方時，反倒容易忽略關鍵原因。

自我反省並檢討改進

在遇到問題或者不同意見時，很多人的第一個選擇是說服別人，讓別人聽從自己的建議。實際上，在這種局面下，我們不妨放慢一點，給別人時間，讓他自己想清楚。

我們要掌握一個很重要的原則：把自己看作整個事件的關鍵要素，反思自己的問題。從自己本身尋找原因，追究責任，做好自我反省及檢討改進的功夫。

讓別人自己做決定

在心理學上，有一個理論叫作自我決定論。簡單來說是在充分認識個人需要和環境資訊的基礎上，個體可以對自己的行動做出自由選擇。這也是每個人都有的心理需求，人人都需要受到尊重。在處理問題時，很多高手都會用到這個心理理論，他們一向說話說三分，留七分給對方去思考。他們知道，如果把話說滿，會讓對方覺得他們是在替對方做決定，反而會讓對方產生埋怨。所以，儘量不要替別人做決定。

能理解對方的經歷、想法和處境，站在別人的視角看待問題、解決問題，也是一種高情商的表現。

感性力量

以和為貴,消除矛盾
● ●

在生活和工作中,矛盾是永遠存在的。面對矛盾,大部分人看到的是分歧和苦惱,很少有人從矛盾中看到「和」字。一直以來,和的文化都是中國文化特別重要的組成部分。《論語》中就提到:「禮之用,和為貴。」

在生活中,我們其實都能看到「和」對人們的影響。「家和萬事興」「和氣生財」等都是對和文化的總結和概括。

如果我們能以「和」為重,從矛盾中看到「和」的意義,那麼大部分矛盾可以被輕鬆消除。

我在處理矛盾時,就很推崇這種和的文化。出現矛盾時,我們要尋求平衡的感覺。我一直希望大家能追求共贏思維,共贏也不是單純利他,單純利他會讓我們忘記自己,這樣的關係是無法長久的。

有一本叫《價值共生》的書就寫得很好。大家為什麼能

Chapter 2　高情商就是擁有好的感知情緒

共生？是因為大家都提供了價值。而且，一個人在為別人提供價值的同時，一定也接受了別人的價值輸出。雙方互惠互利、合作共贏，才能實現共生。那些無法提供價值的人，會逐漸被淘汰。

　　一個情商高的人，一定擁有很強大的共贏思維。他們能夠看到矛盾背後的價值，看到價值共生、合作共贏的可能性。

價值共生，價值觀是尺規

　　人活到三、四十歲時，一定要清楚一件事情：與誰為友、與誰為敵、與誰為伍。要與價值觀一致的人在一起，遠離價值觀相悖的人，與價值觀不完全一致但積極正向的人維持邊界感。

　　很多矛盾是怎麼來的？因為你把自己放在了一個容易被傷害的位置。人們想要維護一個與自己價值觀完全相反的人，這本身就是高風險的事情，出現矛盾是必然的。

　　所以，那些價值觀一致的人，才是需要我們用心維護的。我們與那些有著相同價值觀的人為伍，將能從根本上減少產生矛盾的可能性。對於高情商的人來說，這是一種十分常見的選擇標準和思維模式。

合作共贏，創造共同價值

人們不太可能一生只跟價值觀相同的人在一起，畢竟社會是多元的，我們需要跟不同的人打交道。對那些價值觀不完全一致但積極正向的人，我們可以在保持邊界感的前提下與其合作。

有一句話叫作「財聚則人散，財散則人聚」，意思是凡事不要只以利益為先，如果你把所有的利益抓在自己手裡，那麼身邊的人會一個個離開；如果你能把其中一部分利益分給別人，那麼大家都會願意追隨在你身邊。這就是共贏，用利益換取別人的信任。

我有一個朋友，開了好幾家工廠。在她的背後，有一個非常支持她的老闆。這個老闆很厲害，支援了很多像我朋友一樣的人，讓他們擁有了自己的工廠。

這位老闆的合作模式很簡單，他個人出資建工廠，卻只佔60%的股份，讓合作者免費擁有剩下40%的股份。而在利潤分配上，老闆只佔40%，剩下60%歸合作者所有。

對合作者來說，這是一個很好的合作機會，既能免費擁有股份又能賺取大部分的利潤，他們顯然會為了工廠傾盡全力。短期看來，老闆似乎有些許吃虧，但他用利益換取了別

人的情感信任，這是一種情感儲值。而且從長期利益來看，越多的合作者加入，他能獲得的利益就越多。

如今，能為別人提供情感價值有時比提供金錢價值更有意義。一些企業家即便在財富利益上吃虧，但他們若能夠累積情感價值，那麼未來將可能有更大的收穫。

透過轉換角度來提升思維

面對矛盾，很多人喜歡在二維空間進行思考。當我們的思想被固定在矛盾本身時，有時無法消除矛盾。

這時候，我們不該選擇矛盾，而應該跳出這個問題，找到第三個選擇。那要怎麼做呢？就是從更長期、更高遠的角度去看待問題，以第三個視角重新定義問題，發現問題的本質。

如果只看眼下的問題或矛盾本身，我們往往會吃虧。想要消除矛盾，首先要改變的就是這種狹隘的思考方式。比如短期內某一方的利益可能受損，那長期來看，雙方的合作是不是能夠彌補這個損失？如果兩個人無法化解矛盾，是不是可以透過協力廠商協助化解？

透過轉換角度來提升思維，我們可以發現很多新的選

擇，這對解決矛盾來說非常有幫助。

直面矛盾，有話直說

很多小的矛盾只與利益相關，並不涉及價值觀。這類矛盾，我覺得直接面對就好，雙方可以透過面對面的溝通解決問題。

我們要想辦法提升自己，並從根源上解決問題。

相較於隱忍，我更希望大家有話直說、面對問題，才能看到負面情緒帶來的影響。雖然一些人很信任我，也願意聽我的建議，但我並不會替他們做決定，我要做的是讓他們看到矛盾的根源，幫助他們檢視。

我的感性告訴我，如果矛盾不被解決，日積月累下只會引發懷疑和憎恨。對那些信任我的人，我不能任由他們被這種負面情緒折磨。以和為貴、化解矛盾，才是高情商的人該做的事。

Chapter 2　高情商就是擁有好的感知情緒

真切體會他人的感受

　　我認為,能考慮每一個人的感受是情商的最高境界,這並不是人人都能做到的。

　　想擁有這種能力,我們首先要能精準洞察,然後真切感受,最後學會追根溯源。在這方面我做得一直還不錯,憑著感性我幫助很多人發現自己原生家庭映射出的人生狀態,解決了他們一直以來的困擾。

　　有一次,有位諮詢者請我幫她診斷事業變現的模式,整理人生發展藍圖。她是一個有正職但又想做一些副業的職業婦女。

　　無論對主業還是副業,她對自己團隊的要求都特別高,經常對下屬說:「怎麼這麼簡單的事都做不好」,下屬們都不喜歡她的態度。所以,即使是因為她的能力而追隨她的人,和她一起工作沒多久,就會受不了高壓環境而辭職。對當時

的她來說，最大的困擾是，無論是主業還是副業，她都無法組成一個強而有力的團隊。她雖然很有能力，但只能孤軍奮戰。

聽了她的情況，我直接問她：「你在家裡是不是很強勢？對孩子是不是要求很嚴格？你的孩子是不是經常包容你的行為，甚至孩子會來主動哄你開心？」因為我知道，強勢性格的形成是有源由的，所以想圍繞她的親密關係進行挖掘。

她很詫異怎麼全被我說中了，以上幾個問題都給了我肯定的回答。我的直覺告訴我，她這種高要求與強勢個性一定有很深刻的原因，於是進一步問了她幾個問題：「你為什麼會對你的合作夥伴有如此高的要求？你為什麼會對自己有如此高的要求？你小時候遇到過什麼事情？你的家裡是不是有哥哥或者弟弟？家裡人是不是有重男輕女的傾向？」

提到原生家庭，她一下子被戳到痛點。她說小時候爸爸和媽媽都對哥哥很重視，對她少有關注。小時候的那些不好感受，讓她一直背負著沉重的心理壓力，為了得到他人的關注和認可，她對自己的要求很高，進而導致成年的她對合作者的要求也超高，使她變得越來越強勢。

她的網路暱稱是「仙人掌」，覺得自己不需要依靠任何

人，可以獨自在貧瘠的沙漠上生長，用尖尖的刺對著別人，這就是她最真實的寫照。

我對她說，你不妨先為了你最愛的人改變自己，孩子其實比你更加願意原諒你。孩子對你那樣的表現，其實是在討好你，他希望自己乖一點讓你開心。每個孩子都是小天使，他們趴在雲朵上選中了最喜歡的人，才成為他們的孩子。孩子覺得你是最好的，你應該這樣對待孩子嗎？後來她大哭了一場，對自己的童年遭遇也完全釋然了。

我只用了 20 多分鐘，就發現了童年給她帶來的陰影，使她發現了自己的問題。其實我並沒有覺得自己有多麼厲害，只是跟著直覺，用心與她交流，感受她的感受。

讓別人說服自己

我們小的時候很不喜歡被家長和老師說教，但長大之後也變成了自己討厭的樣子，繼續對我們的下一代或者身邊的親人說教。說教並不是一種好的溝通方式，因為它包含一些「強迫」的因素，讓他人接受自己的觀點，是一種很無禮的行為。若我們用提問的方式讓對方說出答案，就像讓對方自己說服自己，對方會更容易欣然接受，這樣的溝通也能更好

地展現人情味和高情商。

　　以提問的方式與別人溝通，引導對方自己說出答案，對方會覺得那些表達是自己的真實想法，那些答案是自己思考的結果，會對你表示感謝。

　　如果你用說教的方式強行要求對方做一些事，那麼即便對方給出你想要的答案，他們對你也只有反感和厭惡，這對大人和孩子而言都是一樣的。

不以主觀意識評斷

　　「一千個人眼中有一千個哈姆雷特」，對同一個人、同一個事物，每個人的看法都是不同的，一個人的主觀評斷難免帶有偏見。

　　只要有評斷就一定有偏見，偏見是如影隨形的。在生活中，評斷無處不在。所以我們要透過刻意練習，讓自己儘可能全面地看待事物。切忌輕易評斷，尤其是輕易給予負面的評斷。

　　不輕易給出評斷是一種態度，對方向你袒露心扉之後，你才有機會感受對方的感受。你若一味用負面評價傷害別人，當別人不願意與你溝通時，你要怎麼去感受呢？

多給予正向的、有引導性的回饋

做到不輕易給出評斷之後，還要積極地給予對方正向的回應，隨時注意給對方正向的回饋。真誠的、正向的、有引導性的回饋，其實有助於你好好地感受別人的感受。

你真誠地給對方建議，對方一定能感受到你的用心良苦，知道你是想給予他幫助。你積極的態度會帶動對方，強化對方的積極心態，使其更願意與你互動。這時候你只要認真傾聽，就有機會感受他們的感受。

在傾聽的過程中，你要聽到對方敘述的核心，讓他回顧核心、覺察核心，然後將它放大或者看看他能透過這個核心重點收穫什麼。在得到答案之後，你可以圍繞這個核心，積極且真誠地給出正向回饋，引導對方回顧和總結，讓對方有所關注和收穫。收穫是對方很看重的價值，也是溝通的重要意義所在，若和你溝通的人每次都能在你這裡有所收穫，那他就會想要和你有更多交流。

在幫助很多學員解決問題，甚至幫助更多人成長的過程中，我經常會用到這套溝通方法。首先，這個方法特別有效；其次，身邊有一群價值觀一致的人，是幸福的生命體驗之旅，我喜歡這種感性驅動的選擇，享受「感受別人的感受」的過

感性力量

程。

　　我的經驗告訴我,越能同理別人的感受,代表情商越高,他們往往可以更柔和地和這個世界相處。

CHAPTER 3

感性因素决定你的逆商能力

感性力量

成功者擁有的逆商高度
● ●

　　我一直相信，一個人出生在這個世界上，應該有自己的價值，應該為世界做出貢獻，應該承擔自己的責任，應該透過努力實現自己的夢想。可是，最終的結果是，有的人成功了、有的人沒有成功。成功是一種更適應世界變化的過程，是絕對符合「適者生存」法則的。那些成功的人，一定擁有強大的逆商和內在動力，他們知道自己想做什麼、要做什麼。

　　一個人之所以能成功，往往是因為經歷了不少磨難，承受了很多普通人所承擔不了的事情。

　　在困難面前，在人性面前，或者在別人的譏諷面前，在各種困難的環境下，一個人是能堅持自己的本心，還是堅守自己的夢想，是遇到挫折時選擇放棄，還是一直堅持下去？這些選擇對成功而言意義重大。

　　以我自己來說，我經歷過幾次很重要的逆商修煉，它們

讓我的感性力量逐漸變得強大。

向他人學習，同時向自己學習

有一種被很多人忽略，但卻非常重要的學習方式，就是向自己學習。所謂的向自己學習，就是反省。一方面省視自己做對了什麼，汲取相關經驗；另一方面省視自己做錯了什麼，下次不要犯同樣的錯。我的孩子順利出生之後，我對工作有了更多的思考。在上夜班時，我總要在孩子睡覺之前與他道別，不能陪在孩子身邊讓我覺得很難受。為了照顧孩子，我決定從醫院辭職，轉換工作跑道。

堅持終身學習，終身成長

在和張萌老師學習之前，我的職業生涯遇到了極大的瓶頸，出現了很多我解決不了的問題。我第一時間就是換工作，也面試了十多家公司。面試一輪下來，我發現我能做的都是同行業的同一個職位，它們的工作內容基本上一樣，只不過是不同的客戶和產品而已。一個不會游泳的人，換再多的泳池也是沒用的。有一次我們跟老闆開會，他說知道有人去了其他公司面試。他要我們想一想，自己在這家公司究竟累積

感性力量

了多少資源？增加了多少技能？如果工作能力沒有提升，那到哪裡都是一樣。

老闆的這句話一下子點醒了我，是啊！我不應該顧著找新的工作，而應該先提升自己。首先，我認為我的時間管理出了問題，所以開始上網找各種時間管理課程。

我選擇了張萌老師的課程，上了張萌老師的一堂課之後，我突然覺得自己前半輩子都白活了，她的課完全刷新了我對世界的認知。我每天5點起床學習，晚上等孩子入睡後繼續學習，白天利用所有零碎時間學習。上廁所時、通勤時、等客戶時，都在聽課進修，就連孩子都會提醒我聽課。我下定決心給自己至少一年的時間成長，成為一個更優秀的人，來面對未來人生中的難題與困境。在強大的內在動力的驅動下，我克服了無數困難。可能有人會說，你認為的成功就是賺錢嗎？也許是，也可能不是。我經常告訴團隊夥伴，應牢記兩句話：「**知識就是生產力，實力就是競爭力。**」做到以上兩點，你們到任何一個行業中都可以成為卓越的人。真正的改變，是從你下定決心的那刻開始，有了這個決心之後，你將可以在成長路上不斷突破，並能克服種種逆境。

Chapter 3　感性因素決定你的逆商能力

使命感帶我穿越黑暗時刻
• •

　　經常有人提到價值觀，價值觀在我們的生活中隨時發揮著引導作用。

　　價值觀會在理性分析判斷前，幫助一個人做出選擇，價值觀可以說是內心的一把尺，這把尺給你一種感覺，你會根據這種感覺選擇。比如你會選擇什麼樣的人加入你的團隊？是以賺錢為目標？還是以成長為目標？在看到一個社會現象時，你會支持還是反對？抑或是在表達自己的觀點時，要傳遞給他人什麼內容？以上幾件事都與價值觀分不開。不過，相較於價值觀，我更喜歡用使命感這三個字來表達自己的感受。

　　有使命感的人，往往清楚地知道自己想做什麼，雖然沒有縝密的分析與精細的計算，但是他們總能做出正確的選擇，每一次的選擇也使他們離自己的人生目標越來越近。

当然有很多人，包括我自己，到现在还想不到那么远。或者即便想到了，在实现目标的过程中也会遇见变数。但学习和自我成长却是一个恒久不变的主题，一个人在人生旅途中要扮演的角色将越来越多，要面临的事项也越来越复杂，他必须不断成长才能解决更多、更难的问题。他必须透过不断地成长提升自己的能力，为他人创造更大的价值。

这个价值是多层次的，比如财富价值，就是用自己的时间、精力、健康、智商和能力为他人提供价值，以上元素全都加在一起才是一个人真正的财富。如果仅仅把财富价值理解为金钱，你可能无法从更高的思维看待财富，也就不会拥有真正的财富。你在不断地为他人提供价值的时刻，也是不断强化使命感的时刻，你会越来越有使命感，进而拥有越来越多的财富。

很多学员对我说找不到自己的使命感，其实这是他们对自己现阶段的能力和终身价值的否认。想要拥有强大的使命感，持续学习是最好的方式。

我的使命感的形成，与年幼时奶奶对我的教导密不可分。由于父母是做建筑相关的工作，工作地点不固定，所以

Chapter 3　感性因素決定你的逆商能力

我從幼稚園到小學三年級,都是在奶奶家長大的,現在想起來,那剛好是初步建立人生觀的階段。而能留在記憶深處的,並不是關於吃穿住用的物質回憶,而是語言提供的想法刺激。這些刺激在無形之中,使我建立了要為他人謀福利的使命感。

後來上了軍校學習了護理,我的使命感變得更加豐富。

一路走來,感性幫助我做出了一次又一次對的人生選擇,只要使命對了,無論做什麼工作,都是有意義的。使命感對我而言是優先於理性的,一個人先有感性的使命,才會有理性來支持自己實現人生的使命。所以,使命感的培養和修煉對我們來說至關重要。

那麼我們該如何擁有使命感呢?我在幫助學員成長的過程中,常常會用到以下三個策略。

「學」別人的經驗,培養出一套自己的方法

很多人把許多人生金句視為「雞湯」,我卻覺得金句是人們在成功後寫下的結論,是一段經歷中最精華部分的總結。不過一般情況下它難以被複製。而幸運的是,我們可以向有經驗的人學習他們的經歷,看他們寫的書籍,大量的成

功方法就在書中。我們用很少的金錢,就可以學到他們無數次突破自己的方法以及寶貴經驗,簡直是成長的捷徑。我們可以去學習、研究、複製和實踐這些經驗,可以節省很多摸索的時間和精力成本,以更快、更精準的方式達成自己的目標。

我覺得用這個方法學習,學一年贏過自己辛苦十年,也找到了驅使自己學習的力量。

用好的工具,讓方法實踐

工具是人類功能的延伸,所以我很捨得在工具上花錢。在幫學員們學習成長的過程中,我也特別鼓勵他們利用工具。透過適當的工具來執行你學會的成功方法,可以使我們事半功倍。工具在實務環節有很重要的作用,例如:學習時間管理時,我會用到效率手冊、總結筆記,落實品質管理的每個環節;高效學習時,我會用到康乃爾筆記本和錄音筆等工具,幫助我保持較高的學習速度。這些工具會讓實務過程變得簡單,更可以提升效率,使我更輕鬆地拿到更好的結果。

Chapter 3　感性因素決定你的逆商能力

讓方法變習慣，使命感知行合一

有了好的方法也準備好工具，下一步就是實行了，好的實行環境對使命感的養成有很大的影響。

用好的工具去探索和執行，最終將學到的方法變成自己的習慣，將一件很難做到的事情變為自己的行為方式，是很了不起的。很多人認為擁有好的口才或在大眾面前演講很困難，所以我要求自己開始口才的訓練，一天至少進行4次共1小時以上的練習，這也使我練就了單獨演講1小時的能力。奶奶說過：「習慣成自然。」人可以透過持續學習變得越來越厲害。很多人在實踐時很難堅持下去，因此我就帶著大家把一天24小時應該具備的好習慣練習一遍，課程內容涉及讀書學習、飲食、作息、運動、情緒等，幫助每個人從細節開始改變，進而遇見更好的自己。在社群裡，我們會邀請大家共同學習和討論，讓更多人透過實踐而受益。更多的人一起做一件事時更容易成功，這也進一步增強了大家的使命感。

所以說，使命感並不是虛無縹緲的東西，透過方法、工具和實踐，大家可以儘量做到知行合一。

在整個過程中，感性會發揮指引作用，驅使我找方法、找好的工具，而不斷的實踐又使我形成好的習慣，由好習慣帶來好的影響，最終將展現在我身上。

在修煉中，我要從不會到會，從舒適區到學習區甚至是挑戰區，其中必然遭遇很多挫折，這一過程本身也是修煉逆商的過程。

在這之中，你的使命感將越來越強，之後再面對逆境，你就會變得很從容。你可以堅持實現自己的夢想，可以更順利地穿越各式各樣的孤獨、迷茫的時刻。

在跟隨張萌老師學習的過程中，我逐漸發現，如果我以一名學習教練的標準要求自己，將會學習和成長得更快。想要幫助更多的人學習和成長，良好的口才是必備的要素之一。雖然我之前做過銷售工作，但依然感覺自己的表達非常乏味、淺薄，所以我決定練好自己的口才。我一邊上張萌老師的口才課，一邊給自己定下了練習目標：每天站立朗讀50頁書，標準是「清晰、快速、大聲」。

50頁書大概需要花2小時，我堅持了一個月，口腔肌肉靈活度的訓練就完成了。之後，我抓住了一切可以演講的機

Chapter 3　感性因素決定你的逆商能力

會,每天再利用 3 小時時間輔導學員。從一開始上台時雙腿和嘴唇會發抖,後來變得自信大方、講話鏗鏘有力,我成為一名有高情商和好口才的講師,幫助更多人擁有好口才,也幫助更多人不斷地自我突破、學習成長。使命感促使我努力提升自己的表達能力,推動更多人到達成功的彼岸。

我把訓練口才的過程整理成了「輕鬆自信表達」和「高情商好口才訓練營」兩套課程,分享給團隊作為教材,讓信賴我的團隊可以透過好口才擁有人生財富。

從自己學習到帶動團隊夥伴一起學習,一切得益於使命感的驅使,無論遇到多麼糟糕的境遇,心裡總有一盞明燈,指引著我不斷向前。在帶領大家不斷進步的過程中,這種使命感逐漸變成了我的信念。即使遇到逆境,我也會想:「太好了,又來了一個挑戰,我要戰勝它。」透過 10 個月的努力,我被青創智慧集團評為「百萬創業者代表」,我送給自己和其他所有人一句話:「擁抱挑戰,用努力譜寫優秀!」

感性力量

別用失敗者的視角看世界
● ●

　　我一直覺得一個人之所以失敗，是因為他暫時缺乏對這件事的勝任能力，並不意味著他永遠無法成功。我經常用「提交表格」來比喻失敗。假如你面前放了一張表格，需要把所有的選項勾選完畢，表格才能提交成功。有任何一道題漏了，你就會收到「第幾題沒有勾選」的提示。我們可以想像一下，獲得成功的過程就像在一張任務表格上打勾，能力和條件達到一項標準，就可以在相應的位置上打勾，每多打一個勾就說明你離成功更近一步。當你的能力得到提升，將所有項目都打勾後，成功往往會來到你的身邊。如果你無法提交表格，那代表某一項也許是缺失的。也就是說，成功的某些標準你還沒有達到。這些標準有可能是時間管理、情商、學習力、思維認知、格局、領導力、銷售等，也有可能是團隊、導師等資源。不過這也沒有關係，哪裡不足就補足哪裡，你可以

提升自己,也可以與他人合作,把那些沒完成的完成。

在這裡要提醒大家一點,很多時候,大多數人更喜歡關注沒能達到的標準,而不是已經達到的。明明你離成功只有一步之遙,卻因為「這一步」而否定所有努力,最終讓自己陷入失敗。還有一些人會落入「自己必須要擁有所有條件才可以成功」的誤區。其實對自己沒有的東西,你可以透過外界的力量將其整合成自己的資源,「為己所用」。

比如我很想創業,但是在能力和資源不足的情況下,我沒有必要重新創造一個項目,而是可以「寄生」在一個和我價值觀一致的事業上,和志同道合的夥伴一起創業。如今我和青創平台的合作就是這樣的方式,這樣不但可以規避創業風險、提升創業成功率,還讓我找到了願意終身從事的事業。

沒有徹底的失敗者,也沒有絕對永恆的成功者。人生是一個過程,不要在自己生命還沒有終結時便畫上句號。

不要用過去的失敗來否定未來的成功

很多暫時失敗的人喜歡回顧過去,否定自己未來可能獲得的成功。他們覺得失敗是有慣性的,自己絲毫沒有勝利的希望。

實際上，你原本擁有的能力與資源，也是你透過努力得到的。今天暫時的不成功，並不代表你過去的一切都被抹殺了，也不代表你未來無法彌補失敗。只要你不斷學習，持續修煉自己，機會一定會常常光臨的。想要快速達到別人那種卓越的狀態卻無法達到時，不要強求自己，更不要責怪與否定自己，而是要找到與自己和解的理由。為什麼別人那麼優秀，我卻做不到？其中是有原因的。瞭解自己目前的存量，用存量優勢補足增量，是一個很好的成長方式。那麼，應該如何與自己和解呢？

知道自己積累的時間不夠

一些人之所以優秀，是因為他們已經練習了很長時間，有時間的積累，從量變到質變的過程。這一點是短期學習者所無法比擬的，所以我們要增加修煉的時長。

明確自身基礎條件

以健身來說，我將自己和潘蜜拉（Pamela）進行了對比。她是專業的健身教練而我是初學者；她的身體肌肉含量、肌肉細胞力量、心肺功能等各方面條件，都優於我這個初學者，

我不可能在短時間內做得跟她一樣好。

以口才訓練來說,有的人在工作中就有很多表達的機會,只需要學習表達邏輯和技巧方法即可;有的人工作就是天天面對著電腦,從來沒有在大眾面前表達的機會。人們只有在瞭解自身條件之後循序漸進改變,才能不斷走向成功。

明確變化需要過程

達到某種良好的狀態需要一個過程,也需要保持良好的心態接受這個過程,而不是在短時間內就能達到。

你應該在成長過程中接受自己的現狀,不要因為達不到別人的樣子而感到苦惱。

不要以別人的成功來衡量自己的失敗

很多暫時失敗的人,很喜歡以別人的成功來衡量自己的失敗,看到自己跟別人的差距,就自暴自棄,覺得自己註定是一個失敗者。

在我輔導的學員中,確實有不少這樣的人。看到別人的成長比自己快就認為自己做不到,進而想放棄學習;甚至有些人才剛學習 3 個月,就跟學了兩年的人比較,感覺自己永

遠超越不了別人，完全失去了努力的動力。

其實每個人都是一步一腳印走過來的。從 0 到 1，從 1 到 10 都是需要積累的。我們應以成長型思維看待自己的進步，把目光放在自己腳下，而不是別人的腳下，更不要一味地用別人的成功來否定自己，這樣才能看到自己的進步和成功。

沒有人能一步登天，成功不會一蹴而就。看到自己一點一滴的進步，將其累積起來，這樣我們將更容易獲得成功。

具有積極、感性的認知

有些以失敗者定義自己的人，會為自己的失敗找各種藉口。過分強調客觀因素造成的影響，卻沒有思考自己究竟能做的努力有哪些。

有的學員會跟我說：「我也很想和你們一起學習，可是條件不允許，我的學習能力不夠、我需要帶小孩、我經濟狀況不好」等，總之就是沒有辦法投入學習。

我其實能感受到，這些學員本質上都是積極的學習者，對感性有著自己的認知。他們也想改變生活現狀，卻又認為自己的學習將會受到各種因素的影響。實際上，換個角度去

Chapter 3　感性因素決定你的逆商能力

看待失敗，問題就會煙消雲散。

在社會上經歷的失敗，其實就像在學校參加考試。但生活中沒有考卷，學校的考試是檢驗學習成果，生活中的失敗是在檢驗人生，檢驗你是否掌握解決人生問題的方法，反觀自己哪裡做得還不夠好，哪裡需要改進。

我其實也有過很多失敗的經歷。如同很多次考試的失敗，很多次達不到業績目標的失敗，很多次面試的失敗。我是如何處理失敗的呢？就拿面試這件事來說，每次面試即將結束時，面試官都會問我：「請問你還有沒有什麼問題想問我？」我總會問：「您能詳細地跟我說一下，這份工作的具體要求嗎？如果我面試成功了，就會按照這個要求去做；如果面試失敗了，我也知道自己在哪方面還有欠缺。」

我會提出這樣的問題，其實也是感性使然。我並沒有試圖用一個所謂的技巧性問題來博得面試官的好感，而是從自己的內心出發，想著不要錯失成長的機會，所以希望能瞭解更多職位的要求。

就像我為什麼會有寫這本書的念頭呢？我僅僅有一個簡單的想法：將我這個普通人成長的感受和經驗寫下來，分享

感性力量

給更多想要改寫人生的普通人。上一秒有了這一念頭，下一秒我就拿起手機，傳了訊息給劉Sir，問他：「我想寫一本書，可以嗎？」那時我與劉Sir才認識沒幾天，僅僅見過一次面，憑直覺我認為劉Sir可以幫助我。現在想想，我能從網路上聯繫到劉Sir，也是感性的力量在發揮作用。這就是感性認知給我帶來的益處，它幫我進入一個完全陌生的領域，也認識了出版業的相關人士。

我想告訴大家，我們在生活中確實會經歷各式各樣的事，但我們練習用感性思考，跟隨內心純粹的感覺，往往能得到更好的答案。

Chapter 3　感性因素決定你的逆商能力

好奇心是擺脫困境的利器

　　我的內心總是充滿好奇，對未知的事物，有莫名的探索欲。這種好奇心，可能源於父親的影響。他很喜歡拆裝各種電器，研究它們的工作原理，也特別喜歡DIY（Doityourself，自己動手製作），從縫紉到編織，從美食到鐵工藝，很多別人不敢做的事情，他都會努力嘗試。

　　擁有好奇心的人，往往對世界有源源不斷的新鮮感，它們是人們用來探索未知世界的利器。尤其是在我們身處逆境時，好奇心能幫我們脫困。缺乏好奇心的人，在逆境中容易陷入瓶頸，若一個問題解決不了，就會一直執著地耗在上面，直到筋疲力盡。

　　這就像一個每天工作、回家，生活單調的人，在遇到問題時往往很難在短時間內想到解決的辦法。因為他們沒有開闊的眼界，不知道如何向外探索。

感性力量

舉個例子，你按照慣性思維得到了一個 A，可是你不太滿意。這時，如果你想得到比 A 更好的 B，就必須要改變思維和行事方式。一旦做出改變，你將可能獲得新的結果；如果思維方式一成不變，你得到的結果依然會是 A。

此外，在改變的過程中，好奇心也將發揮很大的作用。有好奇心的人，往往願意脫離原有的軌道，會在單調的生活之外，探索新的可能，這樣他們可以有更大的機會發現新的人、新鮮的事物。也可以說，有好奇心的人，更容易找到改變的路徑。

我的第一份工作是護士，第二份工作為藥廠業務，第三份工作為社群創業教練，它們屬於完全不相干的行業，有著完全不同的工作內容，如果沒有強大的好奇心支援，我將很難接受這種跨領域挑戰。

我一直堅定地相信，除了死亡，所有的事情都有解決方案。

那麼具體來說，應該怎樣練就強大的好奇心，在挫折中不斷探索呢？我很喜歡的一種方式是閱讀，透過閱讀拓展知識邊界，與更多的智者進行精神交流。

Chapter 3　感性因素決定你的逆商能力

好書和答案都是被搜尋出來的

現代社會，搜尋力是很重要的一種能力。你必須有搜尋的意識，在確定目標的前提下，基於主題展開搜尋，深入地定義問題，進而借助各種資料，找到相應的解決辦法。

在這個時代，其實有很多管道可用，課程、書籍、影片、網路等都可以被用來尋找解決方案。

絕大多數問題都有現成的答案。如果你覺得自己遇到了一個全新的問題，那麼恭喜你，這是難得一遇的。擁有強大好奇心的人，總能透過搜尋找到大部分問題的答案。

關注主題，也關注作者

在透過圖書進行搜尋的過程中，你會發現很多不同的答案，那麼應該如何找到正確的答案呢？

我一直保持一個讀書的習慣，就是進行主題式閱讀。遇到想探索的問題，我會將與主題相關的書買回來，然後快速地瀏覽。雖然看起來對內容的瞭解不夠深入，但搜索面大，涉及的還都是作者的專題研究，並非泛泛之談。當瀏覽過所有相關主題後，我便對這一主題有了初步的認知，對每一位作者的觀點也都有所瞭解。我不會單純地看到某一本書的某

一個觀點,就把它當作答案去用,而是檢索大部分書所認可的觀點,它一般是相對正確的答案。

我家裡的書,基本都是用這種方式買回來的。比如我想研究「如何學習」這個主題,就把書名中有「學習」兩個字的書籍全部買回來。其中有關於成年人學習的,也有關於孩子學習的,加起來一共 30 多本。我雖然不太細讀,但有需要就會去書架上翻一翻,在書中尋找對我有用的觀點。

在跟隨張萌老師學習的這 4 年裡,我認真地把整本書讀完的,連 10 本都不到,但我買回家的書卻有 600 多本。透過快速瀏覽,我獲取了大量來自專業人士的資訊,這是非常有價值的。我的閱讀方式並沒有什麼訣竅,就是在需要時去翻閱,多翻幾遍,自然就可以找到解決問題的答案了。如果想深入探索,我會從相關主題中先找到比較欣賞的作者,先關注他,再把這位作者的所有作品買回來。之所以這樣做,是因為我認為這位作者的作品中,一定還有我需要的內容,這就是一種感性的力量,在推動著我去發現更多的可能。

把書當作自己的朋友

我家裡有 600 多本藏書,這些書大部分都很新,有的書

Chapter 3　感性因素決定你的逆商能力

我只看過目錄就沒有再翻過了。雖然我沒有把所有的書都讀完，但是家裡有什麼書，被放在什麼位置，我都很清楚。直播時，如果需要提到哪本書裡的觀點，我都可以快速、精準地找到這本書，直播的同事都對我的這個能力表示驚嘆，問我是如何做到的。

首先我的書是根據使用場景分類放置的，再來就是我經常站在書架旁翻閱它們，它們都是我的朋友。我感覺每一本書都有自己的性格和氣質，我只是憑感覺認為它就應該在那裡。

我還有一個特別的能力，拿一本書看一下書名，再聽聽別人的簡單介紹，不用翻閱就大概知道書裡的內容。既然有人用這個主題寫書，說明這個主題很重要，我需要關注相關主題並將相關建議修煉成習慣，遇到不清楚的細節問題，再去翻看書籍，按照書中的方法執行。

比如有一本叫作《高能量姿勢》的書，封面上有一個木頭人，我聽說這本書的內容是在敘述，在一定的環境下，人要有一個能夠給自己帶來勇氣和能量的姿勢。我大概就知道這本書講的是身體姿態對心理的影響，我沒有再翻過這本書，只是把它放在我的書架裡。

感性力量

很多讀書能力強的人每年能讀 300 多本書，而我是每年囤 300 多本書。我認為這些書是人生系統搭建過程中非常重要的一部分。我幾乎天天都在買書，確實也是看不完。我們的人生系統不但要包含足夠強大的人際關係系統，也要有足夠強大而完備的知識系統。一本書就是一個人的智慧，用 600 多個人的智慧來充實自己的人生，人生的基本盤會更加穩固。每當遇到解決不了的問題，我就找對應的書來閱讀，這相當於向作者請教。同一類型的書，其實代表了不同的人對同一個問題的看法，我透過閱讀把作者們的觀念進行分類整理，找到適合自己的方案，它對我來說就是最佳方案。

我覺得每讀一類書，就是在讀一類人，有人喜歡邏輯、有人喜歡實踐、有人喜歡情緒、有人喜歡探索。在閱讀的同時，我可以感受到一個人的思維方式，這比僅僅看完一本書的收穫更大，也讓我對這樣的閱讀方式越來越感興趣。

把原本不擅長的事情，變成非常感興趣的事。興趣驅使我越來越喜歡閱讀，現在我帶領近萬名讀者讀了個人成長、親子教育、時間管理、身心靈健康、商業模式等領域的書籍。在一定程度上幫助想讀書的人，解決了不知道讀什麼書、不能堅持讀完一本好書、讀完書不能知行合一這三大難題。我

Chapter 3　感性因素決定你的逆商能力

不斷地用閱讀來拓寬自己的生命領域,同時帶領更多的人實現成長。

感性力量

刻意練習就是重複的力量
• •

逆商的養成需要經過刻意練習，刻意練習的背後，其實是重複的力量。只不過，很多人以為重複就是「再做一遍」，這也是很多人不願意重複的原因。

在物理學上，有一種說法叫機械性重複。很多人都陷入「機械性重複」的陷阱，機械性重複就是單純地把上次做完的事情「再做一遍」，基本不用動腦思考。這也是很多人不斷重複之後，依然過不好這一生的原因。

要知道，刻意練習並不是簡單的重複，其背後的含義是複利，每次重複跟之前的重複都是不一樣的。

以我自己來舉例：第一次我是張婷，第二次我是「張婷+1」版，第三次是「張婷+1+1版」……每一次的重複，本質都是升級後的自己，結果也是不一樣的，會產生新的複利，複利的力量非常強大。在每次重複中投入自己的智慧、配置

更優的資源、付出更大的努力，我將越來越接近成功。

美團的創始人王興曾經說過：「大部分的人，為了逃避思考願意做任何事情。」若沒有投入心力，重複則只是重複而已，是無效的努力，自然難以長期堅持下去。但加入思考，結果就不一樣了。每次重複都是新鮮的體驗，人們會抱著好奇心持續探索。

也就是說，與機械性的重複比起來，刻意練習需要思考和優化的環節來支撐，使人們在重複中不斷提升。

從教練那裡得到回饋

刻意練習中有一個非常重要的角色，就是教練。教練首先應示範如何正確地做，其次要在你重複練習時給你回饋。要嘛是正向的回饋，告訴你這樣做是對的，下次繼續；要嘛是建議性的回饋，告訴你哪裡做錯了，下次要怎麼做才能更好。透過一次又一次的精準回饋，你可以讓自己快速成長。

如果你對刻意練習有所瞭解，那麼教練這個角色可以由你自己充當。很多課程我會反反覆覆地聽，每次聽都能聽出不一樣的內容。同一段話，第一次聽覺得這裡是重點，第二次聽又覺得另外一處是重點。我會在不同的時候得到不同的

認知。因為我一直在學習,認知也一直在升級,隨著時間的累積,同樣的課程我學到了不同的深度。同樣的一本書,每看一遍,我都能看出文字背後的內容。

學會借題發揮

有時,我會戴著「顯微鏡」看書,對書中的內容進行深度剖析。我會基於作者的某句話,深度思考他的底層邏輯是什麼,或者說我可以怎樣借題發揮,把它延伸,以此來進行刻意練習。

很多人覺得,「借題發揮」是一個貶義詞,形容一個人沒事找事做。實際上,它是刻意練習的重要能力之一。在遇到問題時,不能只簡單地處理這個問題,而應該看到問題背後可能存在的更多問題,所以我很喜歡用借題發揮這個方法學習。

要如何「借題發揮」?舉一個管理團隊的例子。我的團隊成員中 60% 的人都有自己另外的工作,10% 的人是全職家庭主婦,另外 30% 是創業者。但是無論大家來自哪裡,我們的最終目標就是要把團隊成員培養為能夠獨當一面的創業者。有一次,一個團隊成員在群組裡詢問誰有某個會議的錄

音檔。當時這個會議的錄音檔已經公佈了，在社群裡就可以找到，我就借著這個機會跟他溝通。當然，我是對事不對人，只是正好出現了這樣的機會，使我可以幫助團隊成員修正一下觀念。

我在群組裡說：「我們已經不是原本的職場人了，要把自己定位成一名創業者。創業者就要多多關心自己的事情，做到不等、不靠、不要。我們要主動留意自己認為重要的資訊，每個人在團隊中的學習和成長都是平等的，沒有上下級關係，大家透過彼此貢獻價值在一起。想要獲得更多的成長，你就應該積極主動地去學習。」我把自己找會議連結的方法分享到群組裡，告訴大家如何找到相應的連結，還告訴大家，獲取資源是一種能力。人人都能去想如何貢獻力量，那團隊就會有非常豐富的資源。人人都以創業者的標準要求自己，才會打造出有進取精神的文化，團隊才可以共贏。

透過借題發揮，我產生了更多的相關聯想，可以站在不同的位置表達想法，讓一個「題」發揮更大的價值。

不斷利用重複的力量，這種重複是感性的重複，不是機械性的。刻意練習是有情感的、有思考的練習，不枯燥乏味的，相反地還充滿樂趣。我們應該像玩遊戲、談戀愛一樣，享受刻意練習的過程。

感性力量

自律應順應規律
• •

很多人認為，自律是一種自我約束，其實不是的。自律的本質，應該是尋找自己與宇宙規律的和諧統一。

做違背個人意願的事情，才需要約束；做自己願意做的事情，就不會感到被約束。當一個人與宇宙的規律和諧統一，他就會達到更高的認知，進入「自燃」的狀態，約束感自然消失不見。

我所看到的自律的人，不太會強行約束自己去做一件事情，而是與宇宙達成和諧統一。比如每天堅持鍛鍊的人，每天在固定時間讀書的人，都不是在約束之下去做這些，而是在瞭解規律後，順其自然地去做喜歡做的事。

想要做到和諧統一，你首先要瞭解自然的規律，然後瞭解身體的規律，接著瞭解心理的規律等等，最後把這些規律統一起來。

Chapter 3　感性因素決定你的逆商能力

在自然規律中，太陽是太陽系的中心，地球是它的衛星；地球周圍有人造衛星的環繞，地球又是這些衛星的中心。也就是說，中心其實只是一個相對的概念，隨著環境的不同，中心隨時可能發生變化。

既然如此，那人也可以成為中心。也確實有那麼一些人會把自己當作一切的中心，認為這個世界是繞著自己轉的。如果把世界比作一朵花，這些人會覺得自己是最中心的花蕊，周圍的人、事、物都是以自己為圓心放射出來的。

關於身體的規律，《黃帝內經》稱女性的一個週期為7年，男性的一個週期為8年。一般來說，女性14歲逐漸性成熟，35歲開始衰老；男性16歲才逐漸性成熟，40歲逐漸衰老。這就是人在不同階段的身體變化規律，能與這個規律良好配合的話，人的身心都會感覺舒服。

除了身體規律，在成長過程中，人的心理規律也會產生變化。從大腦的發育到各組織器官的發育，再到心理層面的發育，其實大都有規律可循。

張萌老師講過人與人之間的「三圈六關係」理論，三圈六關係中，最裡層的小圈指的是自己與自己的關係；中間層

感性力量

指自己與家庭的關係，包括與長輩、愛人和孩子的關係；最外層指自己與社會的關係，包括上層關係及下層關係。

人的心理也隨著這一關係的變化而變化。一開始我們透過瞭解父母，初步瞭解這個世界；稍微長大一些，我們透過與晚輩、平輩和長輩的接觸，進一步瞭解這個世界；步入職場之後，我們在跟老闆、同事、客戶接觸的過程中，更深入地瞭解世界。隨著一步步的成長，我們對世界和人性的認知越來越全面，心理也越來越健全。

可是，很多人即便到了很大的年紀，也不完全瞭解自己與自己的關係，有些人甚至根本就不知道有自己與自己這層關係的存在。這樣的人要做到自律，是非常困難的。

處理好自己的「三圈六關係」並自律的人，並不會讓自己倍感折磨，而是過得非常愜意。因為真正的自律是順應規律的，就像庖丁解牛一樣，是層層推進、輕而易舉的。

至於如何養成自律的習慣，我可以為大家介紹幾個小方法。

相信學習的力量

我始終相信學習的力量，我們遇到的大部分問題，都可

以透過學習解決。

脫離了學習,我們很難理解規律,自然很難做到自律。有些人就喜歡閉門造車,想要自己悟出一些規律,先不說悟出來的是否正確,明明可以透過學習掌握的,偏要花費大量的時間自己研究,這樣的性價比不高。而且,不瞭解相應的規律,我們也很難順勢而為,更容易遇到逆境。

觀察別人和自己

除了學習,我們還要學會觀察,觀察別人哪些地方做得好,哪些地方做得不好,他們究竟是怎麼做的;觀察自己,看看自己身上發生了哪些微妙的變化,怎麼做才能更加自律。

透過觀察,我們會有更深刻的體悟。觀察得越是細緻入微,我們就可以收穫越有用的資訊和回饋。

邊摸索邊實踐

有學習的動力,懂得觀察還不夠。想要養成自律的習慣,我們還要邊摸索邊實踐,研究出一套符合個人特色的模式。這樣,在實踐的過程中,你才能找到自己最舒服的狀態。

感性力量

　　例如你想做直播,在看了很多人的直播後,學到了很多方法,也觀察到了主播和觀眾的變化。但是真正開直播後,還是要不斷地摸索和調整,根據自己的風格,選擇讓自己舒服的直播方式。畢竟人與人的條件和情況不是完全一樣的,你不可能百分之百地複製別人。只有你自己感覺舒服、自然,觀眾才會覺得你真實,才會喜歡你。

　　我一直強調,自律是最讓人感覺舒服的。你可以借助感性的力量,找到這種令自己身心愜意的狀態,以此刺激自己的各種感官,形成肌肉記憶後,自律的習慣就養成了。

掌握方法,修煉逆商

人會遇到各種各樣的事情,人生中也有各種各樣的苦難和窘境。每一段人生經歷,其實都可以被當成一次絕佳的修煉機會。

小時候我們有父母在身邊,很多事情父母可以幫忙,而長大成人之後,幾乎所有的事情都是需要我們獨立面對的。修煉逆商,可以幫助我們更好地面對困難。

順境和逆境其實就是一念之間。轉換觀念看待一件事情,就可以看到更多的希望和機會,讓感性變得更加有意義。

我最早經營社群時,遇到了一些瓶頸。剛開始,我覺得經營社群,資料是最重要的,然而搜集資料又是我的弱項。每當看到別人擁有精細化的資料,我都非常羨慕。後來我懂了,資料僅僅是社群的一個要素,而我們做的整個活動是一個系統。隨後我便不會單純地糾結在資料上,而是帶著團隊

專注在完整的活動策劃。這個策劃比社群更為豐富，有豐富的行銷內容、獎勵之類的環節，比單純的社群經營困難多了。可以說，它是一個龐大的系統，需要經過全方位的統籌。接下來，我圍繞著「專案活動策劃」這一主題展開各種學習，我發現自己對社群平台創業又有了更深刻的理解。隨後，我把這種學習方式和思路分享給核心團隊，鼓勵大家都用這個思路去學習如何做好社群，如何用「專案活動策劃」的思路系統化地處理其他專案，這樣整個團隊的視角和深度都提升了。

經歷這件事情之後，我發現修煉逆商並不如像想像中那樣難熬，有了正確的方法，修煉也變得很有趣。

強化正向動機

在修煉逆商的過程中，我們尤其要強化積極正向的動機，不要給自己消極的暗示。有些人覺得，強化動機就是強迫自己做事情。實際並非如此，強化動機是靠好奇心驅動的。

事情做不好時，我們不要焦慮，也不必有畏難情緒。每個人都有知識盲區，總會遇到難題。發現了知識盲區，才能探索最優的解法，這其實是給自己創造成長的機會。

Chapter 3　感性因素決定你的逆商能力

喜歡去做、有意願去做，這就是最好的動機。動機是好奇心帶來的，只要我們對新鮮的事物保持好奇心，願意主動探索，這種動機就會越來越強烈。

所以，我從來不認為有什麼解決不了的難題。可是大多數人總是喜歡在一個問題上鑽牛角尖，這樣做未必能解決問題，還可能讓問題越積越多。倒不如換個想法，探索其他的解決方案。畢竟，方法總比困難多。問題解決不了，不是因為問題太難，而是因為你以為它只有一個解法，實際上能解決的方法絕對不只一個。

如果思維不夠活躍，缺乏好奇心，總想靠蠻力對抗問題，那麼失敗便不足為奇。有好奇心的人，從來不會覺得問題是問題，反倒認為出現問題是件好事。有了問題，人們才有探索的方向，才能不斷強化自己的動機。可以說，好奇心是人的感性中最寶貴的東西，對修煉逆商有著不可替代的作用。

給自己一些小獎勵

所謂獎勵機制，其實就是在解決問題之後得到的正向回饋。這種回饋可能是金錢、物品、口頭表揚等。它可以是自己給自己的，也可以是別人給自己的。

做成一件事情後，很多人都喜歡給自己一些獎勵，例如吃頓大餐、買個包包、看場電影等。這些物質獎勵，對修煉逆商確實會有推動作用，但實際效果有限，也有些人會覺得物質消費會分散自己的注意力。

我認為，給自己最大的獎勵是把喜歡的事情做得更好，把做不好的事情做好，而不是透過買東西或吃美食，我很少用物質來獎勵自己。建議做自己喜歡的事，因為對不喜歡的事，我們很少會關注，做起來也是很大的折磨，不會投入其中。

與價值觀相同的人同行

做有意義的事情時，找到與自己價值觀一致的人同行是非常重要的。

有些人覺得，找人陪伴就是找朋友傾訴，在失敗時、情緒不好時，總希望有個朋友能給自己安慰，陪在自己身邊。

實際上，這樣理解陪伴過於侷限了。找人陪伴，應該是找到有共同願景的人結伴而行，大家一起努力把事情做好。這樣的陪伴才是好的陪伴，才是一種以更高思維面對逆境的方式。前面有提到修煉逆商的方法，無論強化正向的動機，

Chapter 3　感性因素決定你的逆商能力

給自己一些小獎勵，還是與價值觀相同的人同行，其實本質上都是感性的力量在發揮作用，感覺對了就能往前走。很多人質疑，感性只是一種感覺，真的有那麼大的力量嗎？其實感性的力量被低估了，它能使人變得更加優秀，帶來心理層面的改變。

　　只要你懂得發揮感性的優勢，把它變成往前的動力，那逆境將不再如你想像的那般可怕。

感性力量

CHAPTER 4

動用感性腦，學習更高效

感性力量

感性腦和理性腦

　　關於左右腦的分工，很多人已經有所瞭解。左腦掌管理性思維，右腦掌管感性思維。左腦用邏輯、計算、推理解決問題，右腦靠感性、直覺和經驗去解決問題。二者雖然有分工上的區別，但是就重要性而言並沒有高下之分。國內的教育體制更加偏向重用左腦，無論學的是語文、數學還是英語，都強調用左腦學習，導致對右腦的開發稍顯欠缺。更大的問題在於，雖然人們重用左腦，但是左腦的很多功能並沒有被挖掘出來。

　　文字的一大特點是包含許多象形文字，透過圖像學習效果其實很好。所以我一直覺得，激發孩子對象形文字的好奇心，讓他們產生學習興趣，往往更能喚醒孩子的學習動力。

　　要求孩子背誦、抄寫的機械性作業，無法將孩子的學習動力與感性聯繫起來，以致於使孩子逐漸失去了學習興趣。

Chapter 4　動用感性腦，學習更高效

我看過一本教育相關的書，該書提倡的教育理念是「先見林，後見木」；而前面提到的法則是「先見木，後見林」的教育理念。例如「先見林，後見木」的教育更像是蓋房子，人們會先設計藍圖和框架，再琢磨細節；而「先見木，後見林」的教育就像是拼拼圖，先掌握碎片的知識，再將它們拼裝成完整的系統。國中生通常需要同時學習 7～9 門課程，注重培養系統性思維，他們才能進行知識的管理，不然就會淹沒在知識裡。

意識到這一點後，我在輔導孩子學習的過程中，會更注重發展孩子的感性腦，幫助孩子儘早看到知識的全貌，使其更容易理解這個豐富的世界。

那麼，具體該怎麼做，才能發展感性腦呢？

利用畫面感和動態感

從感性的角度來說，色彩鮮豔的東西更受關注，容易讓人產生印象。運用色彩豐富的圖畫，是有利於學習的。

在遠古時期，人類祖先在捕殺獵物時，對色彩斑斕的動物更有興趣，關注度更高。當牠們移動時，人類祖先也會產生更多的畫面感、動態感和想像力。由此，他們對這類動物

的追逐會更加猛烈。可以說，人類對感性需求的追逐，是藏在內心深處的欲望，是一種原始機制。

所以在學習時，我們應該讓大腦多產生一些畫面感和動態感。透過展示畫面、動畫、場景等來激發右腦，從根本上激發學習動力。因為畫面傳遞的資訊比文字更豐富，使用的器官更多，而且能激發大腦產生聯想，將各種畫面、知識等串聯起來。很多人學習效率不高，就是因為頭腦中的知識缺乏關聯性，在需要使用的時候難以及時調取出來。

所以，要成為好的學習者，一定要積極觀察，必要時可以用畫畫的方式刺激大腦。

模仿是一種本能

小的時候，我們什麼都不會，而說話和走路的這些技能，慢慢地也都能掌握。原因是什麼？因為我們會模仿，模仿是人的一種本能。照著別人的樣子去做，久而久之就學會了。

在學習上，我們也不一定非要從理論學起，完全可以透過模仿榜樣來激發學習動力。榜樣的言傳身教，往往比枯燥的理論更加有趣，更能帶動學習效率。

我跟學員交流時，常常說學習其實就是照樣模仿。別人

怎麼學,你就跟著怎麼學;別人怎麼說,你就跟著怎麼說。「依樣畫葫蘆」雖然不一定能像別人畫得那樣好,但其中的精髓還是能掌握到七、八分。我就是在我媽做菜時,在旁邊幫忙,之後模仿媽媽做飯的樣子,不知不覺就學會了做飯。

探討式的學習

我一直有種感覺,未來的學習方式一定是探討式的。因為人們會越來越意識到感性對學習的重要性,會越來越喜歡透過探討來快速學習。

人類歷史上最早的大學,就是一群人共同討論話題的地方。可見,探討式學習在很早之前就出現了,它應該是學習最初的樣子。

在更加重視感性力量的未來,人們會更願意參與討論,探討式的學習讓學習變得更加有趣,也可以讓所有人不知不覺地沉浸在學習之中。

如今,很多人在讀書、聽課時都不會提問。他們不是真的沒有問題,而是不太積極思考,缺乏主動學習的動力。這種被動的學習,作用非常有限。如果能透過提問展開互動,以探討的方式努力學習,人們就能最大化地激發自己的動

力。

所謂「三人行必有我師」,其實每個人身上都有值得學習的地方,探討式的學習也更符合人性的需求。

在多年的學習經歷中我感覺到,因為學習的方式不同,左右腦被開發的程度也有所不同。強調左腦學習的方式,其實也會用到右腦,只不過右腦不是學習的主體,它只是把一些場景像拍照片一樣拍了下來,並將照片儲存在我們的大腦中。如果我們長時間不用這些「拍下來的」知識的話,它們就會慢慢變成潛意識。

它們並沒有消失,在以後的某個場景中,當我們觸發這些潛意識,學習過的東西又會閃現出來。比如我在當學生時,物理、化學並不是很精通,可是前陣子在幫學員分析課程時,忽然發現上學時學的物理、化學知識居然還在腦海裡。有一次在直播時,我甚至可以用畫圖的方式,為大家講解蒸汽機的原理。這其實就是潛意識在發揮作用,當你需要這些知識時,它們就被提取出來,就是感性對學習的影響。

多感官刺激，立體性學習

想要更好、更快地學會知識，我們要儘可能調動自己的多個感官，將視覺、聽覺、觸覺、嗅覺一起用起來，刺激大腦才能讓學習更加立體、更加多元、更加全面，學習效果更佳。還有一點，每個學習者擅長的學習方式不一樣，有人善於學習文字，有人善於學習聲音與畫面，我自己更擅長透過聽的方式來學習。用聽的方式我可以學得特別快，我甚至可以用 2 倍速來聽課程內容，但是換成用看的就會學得很慢。

在帶領上萬名線上學習者學習的過程中，我發現大家喜歡的學習方式，有以下幾類。

聽覺型學習

聽覺型學習者，一般喜歡聽課程和音訊資料，透過老師的講解獲取知識。我剛開始跟張萌老師學習時，會重複聽很

多次課程，耳朵聽到快破皮了，我想一般人可能忍受不了，但我堅持下來了。因為聽課帶給我的成長喜悅，遠遠超過耳朵的疼痛。我很喜歡聽張萌老師的課，而且效率很高。我雖然沒有很多整齊的筆記，也沒有刻意做歸納總結，但很快就能吸收精華、融會貫通，有時課程一結束，我就能直接用學到的內容指導別人了。

想判斷自己是不是聽覺型學習者，有一個很簡單的辦法，就是看看自己是不是能聽得進去。當然，我沒有提倡大家像我一樣折磨自己的耳朵，但是聽的時候靜下心來，能快速地聽到關鍵內容並將其內化成自己的知識，也是很重要的。

視覺型學習

這裡說的視覺型學習，主要是指利用眼睛進行的學習。視覺型學習者很喜歡看書、看資料，以及其他一些文字類的東西。在看的過程中，他們能很快地吸收知識，從中獲取想要的資訊，並高效地學習。

視聽型學習

如今這個時代，影片和圖像資訊充斥於各行各業。無論聽覺型學習還是視覺型學習，最終都可能會使用到影片或是圖像的學習上。因為影片既包括影像也包括聲音，所以對影片學習其實是聽覺型學習和視覺型學習的結合體。聽和看相互融合，形成視聽型學習。

對學習者來說，聽是接收以聲音的形式流入大腦的信號，看是接收以文字的形式流入大腦的信號。聲音和文字二者互相翻譯、印證，讓學習者更好地理解學習內容，這是視聽型學習的優勢所在。

實踐型學習

實踐型學習的主要目的是解決問題。主要的學習方式是跟著別人學習，別人怎麼做自己就怎麼做。

比如你要學習經營社群，就可以找相關影音參考，按照步驟去執行。

在開始學習之前，你可以先看看自己是屬於哪種類型的學習者。找到適合自己的學習方式，學習效率將事半功倍。

當然，除了學習類型，學習對象是另一個影響學習效果

的重要因素。那麼，我們應該向誰學習呢？

向自己學習

最重要的學習對象，一定是你自己。很多人完全沒有想到也可以向自己學習，更不知道如何向自己學習，認為就算學也學不到什麼，這其實是一個誤解。

向自己學習是一條捷徑。前面說過，把每一次學習成功的結果總結下來，形成自己的經驗集；把每一次失敗的原因找出來，下一次儘量避免出現同樣的情況。破解了向自己學習的密碼，就會成長得特別快。

向他人學習

在向他人學習上，很多人同樣存在認知錯誤，那就是只向優秀的人學習。所謂「擇其善者而從之，其不善者而改之」，很多人只記得前半句，卻忘記了後半句。實際上，從別人的失敗中學習經驗，也是一種有效的學習方式。

我在醫院當護士時，醫院有一個機制，就是當護士發生差錯時，護理長會招集全科護士一起探討錯誤。所有人一起討論出現這個問題的原因是什麼，在之後的工作中，大家若

能多注意一點,就不會有人再犯同樣的錯誤。護理的工作是人命關天的,稍微一點的誤差都可能致命。因此我常常警惕自己,別人犯過的錯誤自己不要再犯,這種學習方式是非常重要的。

向萬事萬物學習

向萬事萬物學習,其實是人類一直在做的事,是人類聰明才智的表現。比如向青蛙學習游泳,向鳥學習飛翔,向鴨子學習穿腳蹼等等。

人們有時缺少的其實是思考能力。比如向一棵樹能學習什麼?向一條河能學習什麼?向一塊石頭能學習什麼?我們身邊的一切,都可以是我們學習的對象。

懂得思考的話,人們將變得非常謙虛,儘量不被高傲自滿的情緒所困擾,保持終身學習的態度。

在當護士時,我經常使用的分析工具叫作魚骨圖。它本是用來查找錯誤原因的,透過對一根根「魚骨」的分析,可以找到引發護理差錯的原因。後來,我把這個魚骨圖工具用在教孩子寫作上,效果也不錯。

每次教孩子寫作文時,我就會畫一個魚骨圖,魚頭和魚

尾是作文的開頭和結尾，中間是分段。對小孩子來說，這個圖可以建立起基礎的結構化思維。

後來我又用同樣的方法教成年人學習表達，也讓他們在寫自己的演講稿時運用魚骨圖的思路，同樣有很好的效果。這就是向萬物學習的方法，把知識遷移到不同的場景中使用。

不僅如此，我還要特別感謝自己的學醫經歷，我發現這對我建立系統性思維很有幫助，使我能透過人體的九大系統更好地理解社會系統。

接著，我又驚奇地發現，一些人生問題也與人體一樣，有著各式各樣的系統。如學習系統、財富系統、自我管理系統等，它們也都是相互作用的。

有一天，我在翻看《道德經》時，我的目光鎖定在原本看不懂的一句話上，就是第一章的「玄之又玄，眾妙之門」。我曾經還特意查了「玄」字的甲骨文寫法，它就像辮子樹的樹幹一樣扭在一起，跟麻花瓣一樣。我忽然反應過來，這種交織、交錯、相互作用的關係，就像各系統間相互作用的關係一樣。「玄」既是各種系統的交織，又是有形與無形的交

織。當初,一個「玄」字困住了我對《道德經》的理解,如今也同樣是這個「玄」字讓我打開了新世界的大門。眾妙之門,是指這些系統有無數種排列組合的可能性。也就是說,很多東西、很多事情都是相互影響的,系統與系統之間也是相互影響的。找到了這個規律,我們就更容易找到萬事萬物相通的底層邏輯。

從總量入手,建立知識宮殿

我最早使用的學習方式是拼圖式學習,遇到一套課程就學一套課程,但僅在有限的範圍中學習,學完之後才發現它並不能解決更多的問題。我也不能把這些知識放在合理的位置,僅能解決某個問題並不能幫助我打開能解決更多問題的思路。

我意識到這種學習方法的效能不高,就開始探尋系統性學習的方法。一提到「系統性」這幾個字,很多人會以為這是理性思考之後的結果。對大多數人來說,系統架構確實像人生藍圖一樣,是總結、歸納之後得到的東西。但我不一樣,我沒有經過嚴謹的邏輯思考,憑著對人體結構、國家各個系統、宇宙的感覺,也搭建了一套自己的知識系統。

感性力量

隨著學習的深入，我搭建了自己的知識宮殿，先從可能遇到的問題總量來判斷自己需要學習的知識總量，再基於這個知識總量做系統性學習。

我曾經告訴非常關注孩子學習的家長學員，想要培養出好學生，會做多少道題目並不是很重要。家長要從學生的分數、意志、天賦、態度等方面做全盤的考量，要有系統性的思考。他聽完之後恍然大悟，原來還要考慮孩子的學習總量。當然，每個人對學習總量的認知不一樣，對要素的要求也不一樣，它依然是一個從個人感性衍生出來的系統。

每個孩子都有自己的學習總量，我們的學習也要有總量的意識。職場規劃、情商、向上管理、目標管理等，都是我們需要考慮的因素。有了系統性的認知，我們就更容易堅持終身學習。即便在不同的階段遇到不同的問題，也可以順利地渡過難關。

可以說，人生本來就在系統性學習的迴圈中。一個沒有系統性思維的人，是很難在人生系統中長期存活的。

人生就像在玩遊戲一般，需要不停地解題，也在解題的過程中打開一個又一個的禮盒。一項任務結束後，就會有一

項新的任務。在禮物獎勵和探索任務的雙重感性影響下，人自然而然地就跟著感覺走下去。

就像去大型遊樂園玩一樣，哪裡門票價格高、人多、項目排隊時間長，大部分人都會提前做好功課，安排好遊玩的先後順序，做好詳盡的計畫。透過這樣的理性思考，確實有可能玩更多的設施。可是排隊會消磨掉良好的體驗感，我不想犧牲自己的體驗感，所以去大型遊樂園時，我總是走到哪就玩，哪個設施人少就玩那個。跟隨感性自由地遊玩，也會得到美好的體驗。遊樂園中有一個名不見經傳的遊樂設施，沒有人會在攻略中提到它，它卻給我帶來了巔峰體驗。直到如今，玩了什麼設施我早就想不起來了，唯有這個遊戲給我帶來的快樂，依然留存在我身體的每一個細胞中。

所以你可以這樣理解：遊樂園的設施就只有那麼多，「知識總量」是固定的，一個「知識」學不到，你可以去學另一個「知識」。我關注的是整體的體驗，當我看到了遊樂園地圖的全貌，便發現它每一個角落都是美麗的，都是值得被探索的，我們可以在最合適的時間去最合適的地方，擁有最舒適的心情。不關注總量的人，反而不易有這樣的體會。

所以,系統性學習並不一定要經過理性思考。看到全貌、理解全貌、發現全貌背後的東西,其實更能為人帶來感性方面的刺激,更能激發人探索的欲望,使人充滿熱情地學習。

一旦有了感性的激發,即便在閱讀中遇到一點困難,人們也願意讀下去;即便在學習中遇到了一點小挑戰,人們也會滿懷激情地迎接挑戰。

反過來說,如果你關注的只是某個很枯燥、很難學的知識,你就無法享受學習的樂趣。就像你只關注在要排兩小時的遊樂設施,終於輪到自己的時候卻無法玩得盡興。所以說,學習是需要感性的,要遵從內心想法,這樣你才能走出人生的迷宮。

那麼,在走出迷宮的過程中,應該如何處理遇到的問題呢?簡單說來,有以下兩種方法。

把複雜的問題簡單化,並和自己擅長的領域結合

把複雜的問題簡單化,是指讓問題更加貼合自己熟悉的場景或知識,將其和自己擅長的領域結合,進而最大化地發揮自己的優勢,輕鬆解決問題。

我經常會在講課時,結合自己的醫學知識為學員講解,

將看不見、摸不著的理論轉化成具象的東西。首先這些醫學知識我很熟悉，它們在我的知識宮殿裡，我隨時都能取用。其次，每個人都擁有身體，幫助學員用自己熟悉的身體來理解知識，他們會既欣喜又好奇，所以大家都很喜歡聽我講課。

每個人在自己的職業生涯中都會累積一定的經驗。工程師有工程師的思維模式，會計有會計的思維模式，老師有老師的思維模式，用自己熟悉的思維模式完成學習是最便捷的路徑之一。如果你想分享所學，也可以將其與自己擅長的領域結合，讓大家對你產生信賴感，這樣同時還可以彰顯你的權威性和個人特質。我們可以借助感性的力量，真實地向別人展示自己。

把簡單的問題複雜化，在更大的範圍中學習

這點很多人也許無法理解，但我確實是一個喜歡把簡單的問題複雜化的人。

學習中出現問題時，我想的往往不是怎樣才能最快速地解決它，而是把所有影響因素都考慮進去。為什麼要這樣做？因為簡單會侷限人們的思路，如果將問題複雜化，會生出很多觸角，然後就可以發現它居然能連接你原本已經知道

的東西，幫助你更加理解和學習。

　　有一個自律營的案例。我們原本有一個早起營，對學員的要求是每天要早起打卡。做了一年半之後，我覺得這個任務太簡單了，我想為學員提供更全面的幫助，於是把它升級成了自律營。

　　在這裡，我們系統性地幫助學員解決一些人生問題。比如要早起打卡，要學會自律，要養成好習慣，要讓自己變得更專注等等。透過這些課程，我們幫學員統籌規劃人生。

　　所以，系統性思考對人們未來的成長是極為重要的。它可以幫助我們更早看清真相，對未來有更完善的預判和準備。我們在學習時，要瞭解自己所處的人生階段，明確知道自己扮演的角色，因為角色的要求是基於功能而產生的。比如母親有什麼功能呢？妻子有什麼功能呢？老師有什麼功能呢？我們要基於角色相對應的功能進行相應的學習。

　　人生是一場無止境的探索，我們要從人的生命週期角度，系統化地看待自己的學習，將學習前置，不要等到無法應對自己所扮演的角色時才去學習。當你站在更高的角度看待自己的生命時，就會知道系統對你的學習有多重要。當然，

Chapter 4　動用感性腦，學習更高效

我並不希望你刻板地看待它，應該要感性地感知它。既然人生是一場無盡之旅，那就好好地體驗這場旅行吧。

最後想送給大家一句話，人的生命是有限的，人的價值是無限的，你的價值可以在你的生命時間線中被無限放大，你越是盡畢生所能放大你的價值，你的生命價值就越大。學習應該是一件快樂的事情，保持系統學習，將有限的生命投入無限的人生中吧。

感性力量

進行實景應用式學習

我們小時候學到的知識主要來自書本，透過考試來提取自己的記憶。在學生階段，學習對取得高分有用。可是對已經進入社會的成年人來說，大部分學習的目的是為了解決問題。作為成年人，我們應該有一個清晰的目標，那就是儘量不要把學習本身當作目的。

很多人常常陷入學習的誤區，給自己定下一年看 150 本書、學 10 套課程的目標。這些目標看起來很理性，卻很難能從根本上解決實際問題。我們最需要瞭解的是，看書、聽課究竟對我們的成長和生活有沒有實際幫助？我們解決問題的能力有沒有得到提升？

我提倡的是實景應用式學習，要能解決實際問題，對我們的幫助會更大。

什麼事實景應用式學習呢？就是先要有場景和生活的需

求，再基於這些需求去反推要學些什麼？並且將每次的學習與實際的場景相結合。這種學習方式的優勢在於節約時間，不浪費生命，學習會很有針對性，學習的動力也會比較強。以我教孩子數學來舉例：小學數學課，孩子要學重量、體積等，單純聽課和做題目，孩子不太容易理解和掌握知識。這時候，家長與其逼孩子重新再看一遍課本，倒不如陪孩子做一次烘焙。讓孩子親自稱一下麵粉放多少克、糖放多少克、酵母放多少克、牛奶放多少毫升⋯⋯孩子在做的過程中，既能很快掌握數學的計量方法和單位，又提高了觀察能力，同時也激發了對課本知識的學習興趣，這種實景應用式學習可謂一舉多得。

很多時候，一次實景應用式學習可以融合多個學科的知識。而且，由於這種學習多是用來解決人們在實務中遇到的問題，所以很容易使人進入自主成長的狀態。

我在帶團隊時，每天都會關注工作中出現了哪些實際問題。如果存在無人可以解決的問題，那作為團隊的帶領人，我就要自己學習如何解決，在學習之後，再跟大家分享學習成果和具體的做法。比如怎麼去打造個人品牌，怎麼經營社

群,怎麼幫用戶做流量分析等等。

　　此外,我會把學到的理論知識結合到團隊發展的使用場景中,帶著大家一起實踐。比如說明目標拆解,要用到 SMART 原則。我不會只給團隊講這五個英文字母分別代表什麼,而會直接用場景來做拆解示範。(SMART 原則:SMART 原則是一種目標管理模型。SMART 分別代表了五個單詞的首字母,它們也是目標管理的五大原則。績效指標必須是具體的﹝ Specific ﹞,可以衡量的﹝ Measurable ﹞,可以達到的﹝ Attainable ﹞,要與其他目標具有一定的相關性﹝ Relevant ﹞,必須具有明確的截止期限﹝ Time-bound ﹞。)

　　在做線上學習訓練營時,我們需要從活動的前、中、後階段入手,定下具體的目標和行動策略。需要注意的是:每個階段的具體工作,如內容、營運、宣傳、行銷和銷售等,都有所不同。之後,我們再把每個板塊的負責人及其動作細分出來,列出目標清單,並透過 SMART 原則達成目標。整個流程下來,團隊中的成員就對 SMART 原則有了切身感受,以後就會照著這個思路去執行。進行實景體驗式學習,有助於發揮感性的力量。

Chapter 4　動用感性腦，學習更高效

當然，關於拆解目標，也有一些好方法可供參考。

以解決現實問題為目標

在任何一個場景中，我們都應以解決現實問題為目標。目標確定了，我們學習起來才有方向，做起事來才會更有幹勁，避免越學越迷失自己或走入學習的誤區。

關鍵流程的拆解

拆解目標中的關鍵流程，影響著具體的實際操作能否精準達到效果，沒有達到效果，我們的學習就算不上實景應用式學習。每次在跟團隊開實行結果會議時，我都會帶著團隊拆解關鍵流程，找到對應的負責人，安排他們應於何時、何地，以什麼方式完成何種工作等。最後用甘特圖使工作內容、負責人的任務視覺化。（甘特圖：又稱橫道圖、條狀圖。一般的甘特圖使用橫軸表示時間，用縱軸表示活動或項目，圖中的線條用來表示計畫期間活動的安排以及完成情況。甘特圖使得活動的計畫、進展情況等一目了然。透過甘特圖，管理者可以更清楚該任務目前已經進行到什麼階段，還剩下什麼工作等問題。）

關鍵點的實行

拆解完關鍵流程之後,關鍵點的實行變成重中之重。當每一個關鍵點順利執行,整個拆解過程便算完成了,整件事將更有價值和意義。

有一次我們開了線上英語學習社群,希望安排老師修正大家的發音。我們討論了發音課一週應該有幾節、在哪天上、一節課多長、由誰來教、如何教等問題,同時設計了資料統計方式和回饋機制,保證專案的順利進行。

透過實景應用式學習和實踐,我們可以讓學到的內容發揮作用,讓學習變得更加高效。

與他人合作

一個人不可能什麼都懂,如果你想學會所有事項,就會陷入永遠都學不完的陷阱。進行實景應用式學習,你會對自己有更深刻的認知,還會發現有些內容根本不需要去學,只需要與人合作完成就好。你會清楚地知道應該與什麼人合作,如何與他人更好地合作,篩選出合適的合作夥伴。

看到自己的能力邊界

在實景應用式學習中，你能看到自己的能力邊界。你可以更加瞭解自己的核心能力，充分整合資源，發揮合作的優勢，同時還能探索到新的機會，拓展出另外一片天空。

正向回饋刺激高效學習

這個世界上，每個人都在扮演不同的角色。在實景應用式學習中，你與別人的每一次合作都會得到回饋，這種回饋越多，你的學習效率就越高，你就越能承擔人生中的不同角色。常常聽到這樣一句話：「明明知道很多道理，卻依然過不好這一生。」為什麼？因為很多人都只是在紙上談兵，好像什麼都知道，但在遇到實際問題時仍然束手無策。人們只有認真學習，在實踐中檢驗自己，才能意識到問題所在，才能理解「知道」和「應用」的區別。人生如書，生活中需要時時刻刻學習，這就是實踐和應用對學習的意義。

體驗本身便是最好的學習，實景應用式的學習正好展現了這一點。用實景應用式學習掌握理性的知識，在解決問題的過程中以自己的感受激勵自己，將更有助於學習。

感性力量

用初心設計成長學習方案
● ●

　　為什麼說要先用心學,再用腦學?這是一個核心問題。很多人一看到「心」這個字,就直覺認為它指的是「心臟」;對我這個曾從事醫護工作的人而言,心與心臟在人體中的地位是不同的,「心臟」是一個泵血的臟器,本節所指的「心」則代表人的內在、人的初心,即人的內在動力、學習動機。我經常在直播時和課堂上問我的粉絲和學員,到底什麼是心?心究竟在哪裡?往往沒有答案。其實我很想說,心在組成人體的每一個細胞裡。你應該先看清自己的內在動力,找到自己的學習動機,再用大腦去完成學習的過程。

　　比如你希望獲得某種知識或解決某個問題,這就是你的學習動機,你也因此有了內在動力。

　　接著,你的大腦會開始檢索:為了完成目標,應該參加哪些課程、閱讀哪些書籍、接受哪些培訓……由此,你會逐

漸找到適合自己的學習方式、學習路徑和學習時間等。這就是一個感性帶動理性的過程,也就是我說的「先用心學,再用腦學」。

那麼,怎麼樣才能更加激發自己的內在動力呢?

興趣是最好的老師

人們常說興趣是最好的老師,我非常認同。有了興趣,人就有了內在動力和熱情。稻盛和夫有一個成功方程式:**工作的結果 = 思維方式 × 熱情 × 能力**,非常值得大家借鑒。

在「學習」這件事上,我認為不必糾結於「怎麼學」或「何時會」,否則學習的過程會變得漫長而艱辛。你首先應該考慮的是,如何使學習「取悅」自己。

如果你的內心是愉悅的,那麼你自然會主動學習,規避干擾因素,以驚人的熱忱汲取知識。此時,你也不會再糾結「怎麼學」。閱讀書籍、請教長輩、查尋資料等等,種種方式都會豐富你的知識寶庫,讓你自然而然地學會。或者當你偶然想起「何時會」時,你所疑惑的已經是「是何時會的?」而不是「何時才能會」。

同時,學會之後的自我肯定,又將使你的喜悅感增強,

不斷強化你的內在動力,激發更強烈的學習動機,所以才說興趣是最好的老師!

做好自己感興趣的事

激發內在動力,需要你將學習與自身的具體情況聯結起來,找到能夠令自己興奮的地方,並不斷放大、刺激它,盡力將事情做好。

關於如何在學習中找到令自己興奮的點,每個人都有自己的方式,對我而言,是從現實面考慮,思考學習能讓我獲得哪些好處?並將這些好處分為短期利益和長期利益。

很久以前的我並不善於發掘學習的益處,學習的效果往往也不好。當我逐漸發掘出學習的益處,學習也變得簡單起來。若我在學習某樣知識、某種技能時,看到了其中的短期利益和長期利益,便能將「學習」持續地進行下去。短期利益能刺激我當下主動去學;而長期利益則推動著我長久、持續地學。這一持續的過程,也幫助我成長為長期主義者。

關於如何找出利益點,我的方法是想像,並採用這類句式暗示自己。

Chapter 4 動用感性腦,學習更高效

如果我學會了⋯⋯,我就能⋯⋯,還能⋯⋯,並且可以⋯⋯

比如,如果我學會了表達,有了好的口才,我就能成為一個健談的人,接著,我也許能做一場很棒的直播,或是成為一個優秀的商務談判人員,甚至成為一個演講大師等等。

我曾經克服疫情帶來的不便,輾轉去學習招商,這個動力是哪裡來的?我會想像如果我學會了線上招商,我就能為團隊夥伴舉辦線上招商會,能讓更多人加入我們,跟我們一起幫助年輕人的事業成長,還可以幫助團隊拓展更多的業務管道,讓跟我一起創業的夥伴有更高的收入⋯⋯

張萌老師的《讓你的時間更有價值》一書中有這樣一句話:「當你學會了○,你就會具備遠超常人的○能力。」這句話如醍醐灌頂,自己居然可以透過學習變成超人。

這些關於短期或長期利益的想像不斷地推動著我、鼓勵著我學習。

我曾經為參加我們好書共讀營的朋友出了一道題目:「請你將讀書給自己帶來的益處,從一到十列舉出來,讓大家一起感受它們。」

大家寫道:

1. 我從不能讀長篇文章到可以讀長篇文章；
2. 我從不理解文章喻意到可以理解；
3. 我從不懂某件事到理解了某件事；
4. 我從眼界小到眼界開闊……

所有的答案加起來一共有幾百個，每一個答案都是讀書帶來的真實益處。這種審視放大了學習的價值，學員的內在動力自然會不斷增強。這依舊是前文所說的，用感性帶動理性的實踐運用。

成功在於不懈堅持

有次我讀書讀到凌晨 3 點多，門縫漏出的光線引起了母親的好奇心，她輕輕地推開我的房門，看到我滿臉興奮、兩眼發光。母親不理解我為什麼大半夜還這麼興奮？我告訴她，因為我在書中發現了一個成功人士的祕密—堅持。

其實，不僅是我的母親，恐怕大多數人都難以理解這一狀態。人在學習中有了領悟，產生醍醐灌頂的感覺時，能體會到難以形容的喜悅。那時的我，在凌晨的燈光中甚至有了一絲「眾人皆醉我獨醒」的優越感，就像在小時候的課堂上，以最快的速度掌握了重點。而那個凌晨 3 點領悟到的成功祕

密,也讓我至今相信並奉行——**成功的真諦,在於堅持**。

至於具體的堅持方法,就是我一直強調的,要讓感性力量發揮作用,戰勝自己的鬆懈或者畏難情緒。

立刻投入學習

我很少做學習計畫或學習方案。通常對某個話題產生興趣後,我會立刻投入學習。最近,我對《道德經》有了濃厚的興趣,於是買了各種和《道德經》相關的書籍和課程。

在學習《道德經》的過程中,我又發現自己需要學一學《資治通鑑》,就將這個目標記下,待學完《道德經》,便將它排上學習日程。

那段時間我的團隊人數增長迅速,為了掌握組織架構、組織關係等知識,我購入許多有關組織關係設計的書籍,閱讀學習。具備一定基礎後,接著繼續學習關於提升團隊流量方面的方法,並在晨會時和大家分享學習心得。

我經常想要學什麼,就立刻去學,雖然沒有計劃,但帶著解決問題的目的,往往學起來特別快。

邊拆解課程邊學習

我的另一個學習方法是為和我一起學習的人拆解課程，當大家的學伴。老師講課是從老師的角度出發，我拆解課程是從學習者的角度出發，自己先做到，再把老師的內容結合學習者如何實踐分享給大家。我前一天學，第二天就可以馬上講出來，以「教會他人」的標準分享所學。這樣我的學習速度越來越快，實踐得也越來越好，講的課程大家越來越愛聽。後來，我拆解的內容成了學員心中不可缺少的精華。以教會他人更好地學習為自己的學習目標，用幫人拆課的方式逼自己學得又快又好，這種方式的學習讓我受益匪淺。

用表格統籌學習

有人問我：「每天這麼忙，怎麼還有時間學習？」我的回答是：「雖然學習沒有計劃，但生活要有規律，時間要會安排。」我每天凌晨5點起床，然後完成一天的工作。為了更合理地安排時間，我用一張表格規劃自己和女兒的時間，把我的工作、學習、家務以及女兒的學習事項，都統籌到了一張表格上。在設計表格時，我考慮了我們的交集與各自的事項，最大限度地提升了效能。感性不是拖延、散漫，只有

Chapter 4　動用感性腦，學習更高效

做好時間分配，我們才能擁有「感性自由」。

有人說，生活中不只有學習，而在我看來，生活中處處是學習，學習總能給我帶來利益與喜悅。前些日子我想買運動服，於是去了一家運動服飾專賣店。女兒看中了店裡一個紫色的籃球，我買了它，並與她約好每天一起打籃球，從那天起，我們真的每天一起打籃球。打籃球這件事既讓我們鍛鍊了身體，還讓我們開心地一起互動，增進親子關係。此外，女兒還教我一些老師教她的籃球知識和基本技巧，而這些並不是計畫內的事，只是源自我們的一時興起。可見，生活中隨處都有感性的力量。

感性力量

靠思考找到學習路徑
• •

　　很多人不習慣思考，這些年我見過不少「沒有問號的大腦」。這些人的想法中沒有「為什麼」和「怎麼做」，或許他們並沒有停止學習，只是別人教什麼他們就學什麼；但遇到問題，他們不是視而不見就是把問題丟給別人，有的甚至直接把身邊的人當成 Google，完全放棄自己思考。這種被動的學習方式是最無效的，因為這種被動的等待、依賴、推卸的態度，只會獲得淺顯的一些碎片知識。而這種被動的方式，也將弱化你對知識的記憶與認知。

　　只要你想學，全世界都能為你提供資源。網路的發展大大地降低了學習成本，優質的課程和資源比比皆是。只有主動思考，你才能主動探索、發現和領略更多的知識。有的問題，原本你認為只有 A 方案可以解決，當你思考和學習後，你會發現還有 B、C、D 方案，乃至更多更優化的方案，甚至，

它也許根本不是問題,而只是我們沒有想到、沒看到更多可能。

主動思考幫助我們發現問題的本質,而只有發現問題的本質,我們才能解決問題本身。否則,我們解決的只是現象,問題依舊反覆出現。

例如,面對失眠患者,如果醫生只是開安眠藥,那只是在解決現象,患者服藥後確實可以入眠,但失眠本身沒有得到解決,一旦停藥,失眠問題會再次出現。若從解決根本問題的角度出發,醫生就需要瞭解患者失眠的原因,是睡眠環境問題、精神壓力問題,還是患者本身缺乏褪黑素等。只有找到問題的原因,才能徹底地解決問題。

至於學習中的思考途徑,依舊要以感性為主。我平時的做法如下,給大家參考。

把大腦延伸出來

我比較感性,很多靈感會隨時湧現,所以需要隨身帶筆和筆記本。每當有念頭冒出來,我便立刻將其記下來。慢慢地,我的本子上畫滿了各種想法,記滿了思考的過程。

我的習慣是把這些靈感、想法簡化為關鍵字。然後根據

這些關鍵字，將思維發散出去，漸漸推演出明確的、完善的思路。我幫學員們上課也是用這樣的方式，不用 PPT 而是手寫板書，且板書往往是圖形。我讓整個思維的過程透過筆尖流淌出來。透過板書，知識直接流入學生們的大腦，和他們的思維接軌。所有聽課的人都能感受到，知識不是我講出來的，是從他們自己的大腦中「長」出來的。學員們很喜歡上我的課，他們回饋說：「特別有趣、易學易懂、印象深刻。」我用感性的方式講課，同時用語言和板書讓大家的感性腦接收內容，這比單純用理性的方式講解效果更好。

所以我建議首先要「將大腦延伸出來」，隨時記下你的想法或靈感。大腦無法儲存太多零碎的、偶然的念頭，如果你不及時記錄，沒有整理和延伸，那麼這個大腦活動的過程只能被稱為思緒，而不能被稱為思考，也很難形成完整的思路。

把簡單的問題複雜化

經常聽到有人說「要把複雜的問題簡單化」，而我的學習方法則是「把簡單的問題複雜化」。有了想法，要立即記下關鍵字，然後延伸、推演和串聯，這就是「把簡單的東西

複雜化」。這是一種很好的學習方式，能訓練我們的思考力，把與之相關的問題也牽涉進來，有牽一髮而動全身的意思；再將思維延展開來，使被牽涉的問題和原有問題聯動。所以，雖然我們沒有花時間輸入很多內容，但依舊可以掌握事物的來龍去脈。一開始也許我們只能使用一、兩個關鍵字來思考，但只要多多練習，慢慢地我們就能有系統地掌握關鍵字的應用方法。

用圖形符號串聯關係

對於關鍵字，我們也可以用畫畫的方式將其列出來，這不僅能讓它們在我們心中形成更生動、具體的印象，幫助我們串聯它們的關係，也有益於鍛鍊我們的發散性思維。在「自信表達好口才」的課堂上，我畫了幾個「關鍵詞」，第一個是秤鉤，第二個是錢袋，第三個是一碗料足味美的麵條，最後一個是旗幟。我告訴大家，這四個「關鍵字」，代表了練就好口才的祕訣。秤鉤的意思是，你一開口就要把人「勾住」，引起對方的好奇心；錢袋是指你的話只有讓聽眾覺得有價值、有利益，別人才願意聽你說話；麵條是指你的話需要足夠有料，內容豐富；而旗幟則代表你的觀點應當像旗幟

一樣鮮明。

有了這四個「關鍵字」,我無須反複背誦,只要看到它們,便能想起具體的內容。大家也反映用這種類比思維,他們可以更加理解和掌握四個口才的祕訣。

經常用圖形圖像關聯的方式做系統性的練習,也能夠讓我們更快地探索事物的核心和問題的本質。在日復一日的主動訓練中,如同開啟了學習的大門,對新的課程、新的書籍,只要掌握了關鍵字,我便能夠大致掌握它們的主體架構與主題內容。這使我在汲取新知識時,不必花費太多的精力與時間,也有了更加從容、愉悅的體驗。我從一個讀書時資質普通的人,變成了大家口中的「學霸」,這就是思考的力量。

先用心再用腦,更容易記住知識

我是如何做到不背誦便能記住的呢?我買了五、六本不同版本的《道德經》,都包含相關圖解,學《易經》用的也是同樣的方法。我把經文中同一個部分不同的講解全部打開,看它們都是怎麼解釋的,也就是說我會將五、六本書同時打開放在書桌上一起看。看完這些,我便理解並記住內容了。如果要我背,我無法精準地逐字背出,但我能運用經文

中的內容指導我的思考和行為，有時講課還能引用一句經典原文，並運用得恰到好處。很多時候，理解比記憶更重要，一定不要為了記而記。

我往往是用心之後再用腦，而很多人是先用腦去記，反倒記不住。有人問我，你怎麼可以記住那麼多書上的東西啊？我就會告訴他們這個技巧。

用心去記時，是自己要先理解，等理解了自然就記住了，而且很容易記住。一般情況下，1小時的課程會有3萬字左右的內容，這麼多如何才能記住呢？我在聽課時，會把關鍵字記錄在筆記本或者手機上，基本上老師剛講完，我就能看著核心關鍵字將課程內容複習一遍。遇到比較經典的句子，我還會想一定要分享給別人，自然而然就記住了，因為我有一種強烈的內在動力。

記憶的法則

以下幾個記憶法則也十分實用。

第一個法則：完全窮盡法則，也叫二分法、兩極法。它的基本思路是：一個事物只有兩面，要嘛是黑，要嘛是白；要嘛是喜歡的、要嘛是不喜歡的。

第二個法則：過程推導法，將推導分為第一步、第二步、第三步、第四步……

第三個法則：分模組法則。通常我們在表達時會用這種法則。如六大板塊，兩個小目標等。

第四個法則：公式法。如稻盛和夫的「工作的結果＝能力 × 熱情 × 思維方式。」

第五個法則：矩陣法。四象限法就是我們最常用的分類方式，此外還有九宮格法。

我在學習時，會用以上方法理解和消化內容，其實這也是一個深度思考的過程。

需要記憶知識時，我先看看用以上哪種法則更能幫助我理解，再將知識按照法則拆解整理一遍，之後再按照這個整理好的方式講一遍，如果自己能夠講解給自己聽，那基本上就記住了。自己學會了，就能講給別人聽，這就是「費曼學習法」。

以上過程講的是無意識記憶，也是記憶的幾個維度。

還有，如果你在學習過程中，懂得運用思辨性思維思考，

你將記得更快。遇到自己從來不知道的全新知識，你要去思考，這件事一定像他講的那樣嗎？能不能有其他的理解？是不是符合你自己的使用場景？

在採用思辨的方式推演記憶時，你通常不必拘泥於知識內容本身，這樣就能夠激發更多的智慧。一個基礎推演的過程還包含識別和質疑，最重要的是要看其適不適合自己的使用場景。想像實行知識或者方法論的過程和結果，同時做論證和優化，這樣就會擁有自己的做事經驗。

至於複習，其實並不需要花很多時間。因為記憶的部分已經涵蓋了這方面的內容，前面提到的記憶過程包含推導過程，而推導過程就包含了複習的邏輯。

感性力量

在大腦中畫一幅學習圖

通常我們輸入的知識都是流線式的,因為小時候的學習無非有兩種:老師講課的聲音和課本上看到的文字。所謂的流線式就是聲音是被我們一個字一個字聽進耳朵裡的,文字是被一個字一個字看到眼睛裡的。老師畫圖,是為了讓我們將知識和場景結合起來,但這樣很難使知識立體化。所以我們要學會幫知識畫立體圖,讓我們對知識體系的掌握變得更加立體,使我們瞭解知識之間的相關性以及知識體系中流動、交錯的關係。

將新問題融入原有知識體系

我學習時喜歡把流線式輸入進來的知識用圖「翻譯」出來,比如先畫一個三角形,再畫一個圓形,再畫一些線條表示二者之間的關係。這是一個動態的過程,你知道第一步畫

什麼、第二步畫什麼、第三步畫什麼⋯⋯符合人們對知識記憶的認知規律,即先瞭解知識來源的原點是怎樣產生的,然後瞭解知識是怎麼流動到你的大腦中的。畫圖的過程,其實就是知識在你的大腦裡逐漸且漸進地建立投影的過程,它就像樹苗往上長一樣,一點一點長粗、長高的過程。

與畫圖相比,PPT通常很難展示一張圖由來的過程,只能展示這個圖形的結果。所以這種學習方式是不能被PPT所替代的,你要畫出知識在大腦生長的整個過程,讓知識用圖形的方式流進大腦。這樣更容易理解知識,這就是圖解的威力。

我講課時,也是會邊講解邊畫圖。一方面方便學員用自己的思維連接我的思維,使他們在上課時更加專注;另一方面有利於學員學會,我講完他們便已理解了所有的內容。

用圖解的方式學習,能夠展現思緒流淌的順序,也更符合人們的認知規律。

關聯舊知識,留存新知識

在學習新知識時,你一定不要把新知識生硬地「塞」進大腦,而要儘量使其和自己大腦中原有的知識結合起來。

感性力量

首先,作為學習者,我會將老師講的內容和案例,像放電影一樣在腦海中「演」出來,再發揮自己的想像力,想想它和什麼情況類似。我有時會把看似不相干的事情連接在一起。和別人分享這一方法,很多人覺得不可思議,他們好奇地問:「婷姐,你的大腦是怎麼長的?」其實我只是發揮了想像力。

我講課時,經常會用生活中常見的場景講解,比如「目標分解」,會講我們是如何切西瓜的,同學們一下子就明白了。我講 OKR(ObjectivesandKeyResults,目標與關鍵成果法)時,用了一個「女兒做蛋糕的案例」,簡單說明原本很難懂的「人、機、料、法、環」工作法和 OKR 的所有步驟。課程結束後,同學們會告訴我,我講的 OKR 是最清晰的,聽完他們就知道如何執行。我有時候還會講神話故事、寓言故事,結合的全部都是日常生活中大家熟悉的場景,或者是小時候在大家腦海中留存下來的畫面。大家聽我講課就像在看電影,都非常喜歡,有的同學會非常興奮地在群組裡說:「原來學習這麼有趣啊!」

層次漸深,利於輸出

知識是有層次和深度的，當我學習時，我在知識的下游。而當我在教學生時，我在知識的上游。向上學、向下教，這個層次感很符合個人認知的邏輯。人的認知應該是有層次的，是逐漸有深度的。學習就是這一過程的呈現。你學習時永遠都是讓別人的知識與你的大腦關聯，教別人時則是讓你的知識與他人的大腦相關聯。

此外，知識的聯結比知識本身更重要。最重要的其實不是知識，是你的大腦如何聯結了這些知識。

所以我在學習沒有圖像的課程和書本時，會自己畫圖。我在講課時，也會儘量畫圖，被我教出來的學生也都越來越喜歡利用畫圖來學習。

那麼，圖解的常用方法有哪些呢？

基礎三角形結構，穩定性強

在學習知識的過程中，經常遇到三要素相互作用的結構。這個結構本質上是一個三角形。學習時，用三角形來思考三角形三個頂點要素之間的相互關係，我們便可以很快地理解我們所學的知識，三角形是一個非常經典的模型。

金字塔結構，層次越來越高

我們可以把一個三角形看成金字塔結構，金字塔結構呈現的是漸進的關係。最下面的底盤最大、最基礎，是結構的基石。大多數就是基礎，也是底層的支撐。

比如在馬斯洛需求理論中，最下面是生理需求，如人類對於衣食住行等的基礎需求，上面是對愛與歸屬感的需求……再上面是對自我價值實現的需求。這就是說，越往上人的需求層次就越高。

使用漏斗模型，層層篩選，擇優輸出

我們繼續看三角形，這次倒過來看，它變成了一個漏斗。公司在做市場行銷時，首先是大範圍地發佈行銷廣告，大量的客戶可以關注到公司的行銷方式、方案，有意願的客戶可以留下來瞭解這樣的行銷方案和產品，最後銷售人員跟進，這就是倒三角漏斗模型的使用方案。

在做業務時，漏斗模型也是特別重要的模型之一。我曾在世界前 500 大外商公司做了 8 年的業務，學到 SPIN 銷售法的核心就是向客戶進行漏斗式提問，一開始提出大範圍的問題，然後逐漸提出核心問題，最終達成銷售目標。

（SPIN 是顧問式銷售技巧，SPIN 的四個字母分別指代情況問題、狀況詢問｛SituationQuestion｝，難點問題、問題詢問｛ProblemQuestion｝，內含問題、暗示詢問｛ImplicationQuestion｝，需要回報的問題、需求確認詢問｛Need-payoffQuestion｝。）

圓形模型，動態的閉環思維

圓形有兩個基本特點：它不但是一個閉環，而且可以表示一個動態迴圈的過程。比如我們做事情要有一個閉環性的思考，同時要考慮事情的動態發展，圓形是一種非常經典的思考模型，我們還可以用增強和逆向增強兩種方式理解它，還可以畫出同心圓，以及像奧運五環標誌那樣的有交集的圓。

箭頭關係圖

箭頭關係圖是指用箭頭推演出一些關聯關係。無論使用哪種學習圖模型，我們都可以利用箭頭把不同圖形串聯起來，這樣在思考問題時就會更加系統化。此外，箭頭畫起來十分簡單、方便。

感性力量

　　生活中的很多情況都可以透過以上五類圖形表達。圖形可以讓我們的學習效率更高，也可以讓感性的力量在學習上價值最大化。

　　很多時候，大家對圖形圖示有個誤解，認為它是一個理性的工具，實際上它是感性的工具。建議喜歡感性思考的人，多畫一畫圖形，相信這樣會讓你的學習輕鬆很多。要想充分發揮感性的力量，你可以用最簡單、有趣的畫圖法學習，能讓你學習和成長的效率更高。

CHAPTER 5

情感加語言，使表達更具感染力

感性力量

感性表達中的性別優勢
• •

　　毫無疑問，在感性表達中，性別會對表達方式造成一定的影響。通常男性的表達比較簡單、直白，詞彙不是很豐富，情感的呈現比較少。女性一開口，語言、話題就會豐富起來。女性的情感更為豐富，她們更願意把自己的感受表達出來。

　　在人類的進化體系中，女性有生理週期的變化，每個月也會有雌激素的變化，而男性的激素通常保持在一個平穩的狀態，因此女性在考慮問題時比較細微，各種情緒變化也比較多。

　　那麼，不同性別有什麼不同的表達方式呢？

女性在工作、生活中有很多優勢

　　第一，女性喜歡分享，想像力豐富、善於溝通。因此，在需要表達的職位中，她們有很大優勢。

第二,女性更加感性。表達其實跟情緒感受或情商關聯較為緊密。如果你更加感性,你就能更加感知對方,進而以對方能夠接受的方式表達。

而男性大多數感知力沒那麼強,他們通常習慣簡單且直接地表達。

女性更善於推動話題

簡單來說,表達是為了傳遞資訊,表達常見的目的有三個:合作、談判、閒聊。

開展有效、順暢的表達,首要目標是使話題更好地進行下去。我們既要表達自己的觀點,也要讓對方能夠接住我們的話。所以,無論出於哪個目的,兩個人對話的過程其實都充斥著談判。

相較於男性,女性天然更善於表達,她們往往是推動話題的一方。

女性是感性表達的代表

在現今的時代,感性表達逐漸成為人們的一種必備能力。相較於男性,女性本身較為感性。加上她們往往十分注

感性力量

重自己的形象，感性表達更是有加持作用。

　　有人說現在是一個女性崛起的時代，我非常認同。女性身上的很多特質，在今天已經成為很重要的優勢，因為善於感性表達，她們在做直播或者短影音上也更得心應手。

　　當然，在感性表達中，女性也要做一些符合個人形象和定位的事。比如身居領導職位的職場女性，在工作中需要比較強勢和領導力，以及一些男性化的魄力和表達。可是回到家裡，她的身份也許是妻子或媽媽，儘量不把工作中強勢的表達習慣帶回家，而應該柔和且智慧地表達自己。也就是說，扮演好自己的角色，就是最好的、最合適的表達。

　　同時，需要提醒的一點是，無論在生活中還是在工作中，我們都無須刻意模仿誰、變成誰。你就是你自己，把屬於自己的角色扮演好，這樣的表達就是最好的。

　　比如我在講課時，會更加關注授課內容，保證課程時間，將知識清晰地表達出來，和學員做簡單的互動；而在直播時，我的表達就比較傾向於要牽引大家的情緒，進行更多互動感強的表達；在帶領團隊時，我需要給大家持續、堅定、沉穩的感覺，讓他們覺得我是值得信任的，無論面對什麼問題，我都一直在身邊；在家裡面對孩子時，我是一個普通的媽媽，

一個懂孩子的、有趣的、親切的且溫柔的媽媽。

實際上，每個人都有好多面，你要判斷自己在特定的角色下需要展現某幾個面向。如果用一句話來講女性應該如何發揮自己的優勢，我想送給女性們一句話：你當溫柔，且有力量。

這是一個女性發聲的時代，女性的自信美是一種吸引力。我覺得每個女性都應該自信地表達，不要錯過這個發聲者的時代。每個人都應該活出自己，自帶光芒，用溫柔的力量駕馭有趣的靈魂，活成自己想成為的樣子。

感性表達直入人心

　　一般來說，人的性格可以被簡單分為外向型和內向型。很多人覺得，外向型性格的人往往表達能力強；內向型性格的人表達能力比較弱。實際上，無論哪種性格的人都會遇到表達障礙，也會產生各式各樣的疑問。

　　我是個內向的人，該怎麼發揮自己的感性優勢？我在表達時很直接，應該怎麼做才能表達的更好？

　　有些人比較含蓄，有話從不直說，我該怎麼與他們相處？明明彼此已經很熟悉了，我為什麼還是摸不清對方的性格？這些疑問，在不同性格的人身上都可能出現。我覺得無論哪種性格的人，其實都能很好地溝通。

　　在與人交往時，我只是把性格作為考量的因素之一，但它並不是最重要的。本著以人為本的原則，我常從獨立個體的角度看待一個人的性格。我更加關注的是這個人，無論他是什

Chapter 5　情感加語言，使表達更具感染力

麼性格都沒有關係。而且無論他是什麼類型的性格，我都堅持認為，只要發揮好感性的力量，我便可以與他良好相處。那麼，在和各種類型的人相處時，我們一般要注意什麼？

關注對方所關注的

在和一個人交流時，一定要先瞭解他在關注什麼，基於對方感興趣的或者關注的事情進行互動，這樣對方會感覺自己受到了尊重和重視，你的態度會讓對方更加願意敞開心扉。而且，對方對自己關注的事，往往有更多的話要講，進而有利於雙方溝通的持續進行。

那麼，具體應該關注些什麼呢？我覺得應該關注對方的興趣、愛好，這比他是什麼性格更重要。如果你聊的話題對方根本就不感興趣，那麼溝通將十分乏味。

瞭解對方的邊界

在溝通中，對方的邊界是一個我們需要注意的地方。在與別人交流的過程中，什麼話能說、什麼話不能說，一定要明白。並不是所有的玩笑都能開，即便是輕鬆、幽默的內容，我們在說之前也要經過再三權衡。

感性力量

　　一般來說，對方不會主動說出自己的邊界，如宗教信仰、隱私等。所以你要能夠感知，或者用某種方式試探出他的邊界。

　　至於試探的方法，多提問就好了，讓對方多說、自己多聽。從對方的表述中，你可以聽出他在刻意迴避哪些東西，這些就是不能談及的，就是他的邊界。儘量不要提這類觸碰邊界的話題，才能讓對方產生信任感和安全感。

　　對方如果覺得你是安全可靠的，自然願意對你說真心話。如果覺得你不安全，那麼即便你問了，他也不會說。

　　比如有人問我：「婷姐，你一年能賺多少錢？」這個話題觸碰了我的隱私。我只會對她說：「只要在這個創業平臺好好發展，你也會實現年入百萬業績的。」

　　在跟別人交流時，凡遇到自己不想聊的話題，我都會故意岔開，這便是在含蓄地告訴對方，我不想繼續談。可是，有很多朋友就是喜歡打破砂鍋問到底，一而再、再而三地追問別人故意避開的話題，這樣的人是缺少邊界感的。

Chapter 5　情感加語言，使表達更具感染力

多聊開心的、有益的、實用的話題

我經常說，如果溝通能為彼此創造價值，那麼人際關係會變得更好。為什麼這麼說呢？我們在與人交流、溝通的過程中，要為對方提供相應的價值。所謂「予人玫瑰，手留餘香」，我們在給別人提供價值的同時，自己也在獲得價值。

一般來說，溝通中能夠提供價值的內容，無外乎開心的、有益的和實用的這幾種。

多誇獎、讚美對方，提供一些積極的情緒價值，能讓對方感覺開心；給對方一些工作和生活方面的建議，對方會有受益的感覺；給對方介紹一些實用性很強的方法論和經驗，對方會實實在在地成長。

為對方提供價值，讓他看到自己的優點，發揮自己的優勢，最終以感性打動人心。

所以，我們沒有必要過分糾結雙方的性格合不合適，注意上面的幾個原則，把感性能力發揮出來即可。

感性力量

理性表達時伴隨情感輸出
● ●

　　什麼是邏輯表達？就是有推理、有因果關係的表達，顯然這種表達方式是經過理性思考和分析的。但單純只使用邏輯表達是缺乏吸引力的，人們更喜歡有感情的表達。

　　從感性到理性再到邏輯性是一個發展過程，也就是說，邏輯其實是在感性的基礎上被推導出來的。

　　拿畫畫的黃金分割點來說，一開始畫畫的人沒有經過訓練，沒有專業化的理論知識，只是憑個人感覺來畫，沒有人知道黃金分割點是什麼。後來，很多人都畫出了好看的畫，大家開始找規律，對畫做資料分析，最後總結出黃金分割點這一概念。在這之後，黃金分割點才成為衡量繪畫水準的重要標準。

　　理性會讓這個世界更加統一、更有規律，但是完全的理性將導致多元化的喪失。

　　比如花本來的樣子很美，有人發現它長得很對稱，就去

Chapter 5　情感加語言，使表達更具感染力

研究它是怎麼對稱的，甚至覺得只有對稱的東西才美，這就是沒有感性的理性。花本來長得很感性，如果讓所有的花都長成一個樣子，反而不一定好看。

同樣的道理，單純的理性邏輯表達，其實在某種程度上會使感性喪失。那麼，我們應如何在邏輯表達中融入感性呢？

把左腦和右腦結合起來

在練習表達時，我們可以用理性的方式搭建框架或順序。但它並不等於表達本身，因為我們要表達的內容通常是用感性來完成的。

也就是說，我們先用理性去整理表達順序，解決結構化的問題。等結構搭建好，或者順序整理好之後，再將具有感性色彩的真材實料作為內容。

透過左腦和右腦的結合，我們將不斷把理性和感性融合起來，讓邏輯表達帶有感性成分。

激發感性信號

想要在邏輯表達中展現感性，我們首先要知道感性信號是怎麼產生的。人體非常奇妙，很多器官都能感知外界的刺激。

感性力量

比如眼睛接收視覺刺激，舌頭接收味覺刺激，耳朵接收聽覺刺激，皮膚接收觸覺刺激。想要讓表達更加感性化，我們其實可以根據不同的內容，對相應的感受器官說話，激發感性信號。

想要激發視覺感受，我們就要說出眼睛能夠看到的畫面，如顏色、大小、動作等；想要激發味覺感受，我們就要說出舌頭能夠嘗到的酸甜苦辣等味道；想要激發聽覺感受，就說一些耳朵能聽到的狀聲詞。在有邏輯的表達過程中，對特定的感受器官說話，可以很快地激發聽眾的共鳴。

比如有次我講課時做的示範。我說我來講一個吃燒烤的場景，大家自己測試一下聽完會不會流口水。當時剛好是晚上，我就運用了對著感受器官講話的表達方法，跟他們講了燒烤的場景。

我說：「有次我去外地旅遊，晚上忽然感覺肚子餓了，超級想吃烤羊肉串，於是出去覓食。我問當地人最好吃的夜市在哪，坐了計程車過去。剛一下車，就聞到了烤羊肉串的香味，孜然和羊肉簡直是絕配，這兩個味道混在一起，香氣撲鼻，太誘人了。遠遠地，我看見有一排亮著燈的燒烤攤，嬝嬝白煙不斷從昏黃而溫暖的燈光中升起，順著香味和燈光，我一邊飛快地向前走，一邊思考著應該要點些什麼，很快便來到了燒烤攤

Chapter 5　情感加語言，使表達更具感染力

前。

這時候，一位師傅正在翻著碳火爐上的烤羊肉串，羊肉串的油脂滴在碳火上，嗞嗞作響，一股白煙跟著升起。緊接著，燒烤師傅在羊肉串上撒了一把孜然，火苗「呼」地一下躥起來。在碳火的炙烤下，孜然和羊肉串的香味更加濃烈了，香味毫不客氣地鑽進我的鼻孔，我不自覺地吞了一下口水。

隨後，燒烤師傅把一排羊肉串放到一個鐵盤上，拿起一把大刷子在兩邊刷醬。羊肉串上的辣椒油還在不斷地往下滴，燒烤師傅就把一把熱乎乎的羊肉串遞到一位客人的手裡，客人接過羊肉串，打開一瓶汽水，便坐在攤位邊的小桌子上大快朵頤起來。而這時的我已經快忍不住了，趕緊向老闆要菜單……」

我的描述戛然而止，問大家感覺怎麼樣，有沒有流口水？學生們在評論區裡和我說「好餓」「好想吃」「口水流了一地」「想吃羊肉串」「剛才在外送 App 上下了單」……這就是激發感性信號的表達方式的力量。用感性讓表達更精彩，能夠讓聽眾有身臨其境的感受，讓聽眾更喜歡聽我們的內容。

刺激五感，將感性與邏輯相融合

分享完如何對接收器官講話後，我還想說，要盡可能地

把更多的接收器官喚起。在大多數情況下，我們表達的內容對感受的刺激不一樣，受刺激的感官越多，表達的效果就越好。前面吃燒烤的例子，就充分刺激了視覺、聽覺、味覺、觸覺等多個感官，讓聽的人身臨其境，更能感受到表達的魅力。

所以說，在理性邏輯表達中融入感性，設法刺激五感，使聽眾不是聽到你的話，而是感受到你的話，這樣的表達一定比純粹的邏輯表達更有震撼力。

我聽過一句非常經典的話：**邏輯是拉著別人往前走，而感性是讓別人不知不覺地跟著你走。**感性是帶動別人的重要因素，表達當然也不例外。必須要承認，如今單純的邏輯表達已經失去了吸引力。懂得使用感官來感受，在邏輯表達中注入一些重要的細節、感性的元素，才會讓表達更有魅力。

在邏輯表達的基礎上增加自己的感性特質，是一種更高級的表達藝術。如果你想成為一個受歡迎的表達者，那麼要善用感性的力量。你要做的不止是為聽眾傳播知識，還要為聽眾帶來愉悅之感。

幽默表達很重要

幽默表達是人際關係的潤滑劑，其重要性不言而喻。尤其在如今這樣的感性時代，幽默表達比以往更加重要。幽默能夠調節氣氛，使人放鬆。

那麼，如何才能練就幽默表達的本領呢？

以我的經驗來說，就是多累積、多實踐、多磨練。在日常生活中，多看一些笑話，累積素材；聽一聽話劇，分析他們是怎麼表達幽默的。在與人溝通時，我可以開開玩笑，或者偶爾自嘲一下。

與自己對話，真實最重要

很多人問我：「張婷老師，要如何才不會緊張？才能表現自然？」我回想過很多次，我在鏡頭面前是如何自然做自己的？最後我的答案是：「做真實的自己就好了。」你要試著跟

自己對話，把自己當作朋友。你在鏡頭前看的是你自己，直播時看的是你自己，拍影片時看的也是你自己，所以沒有緊張的必要。

學會角色扮演

我在「自信表達口才課」中，出過一個特別的作業給同學，讓他們看兩個電視劇的片段。一個是《西遊記》中孫悟空變成唐僧的片段，另一個是《紅樓夢》中賈寶玉給林黛玉演小老鼠，是如何變成林家小姐的片段。

我請同學們看演員是怎麼表演的，怎麼釋放自己，扮演好原本不屬於自己的角色的。我也建議讀者朋友們多看一看，我們不需要在課程中學習幽默，在生活中多多留心，向幽默的人學習，也可以獲得幽默。

試著講一些有趣的「梗」

很多人對講梗有畏懼心理，生怕自己講不好，適得其反。其實，有些梗就在生活中，你可以信手拈來。

當你冷不防地爆出一句梗之後，對方也許可以給你很多回饋。正向的回饋會讓你上癮，下次還想繼續爆梗。不知不覺

間，你變成了一個幽默的人。

以口語化帶動情緒

所謂口語化，其實就是我們日常的表達方式。它不那麼正式，不會帶來正式溝通的壓力，所以大家接觸口語時感覺相對輕鬆一些。要知道，溝通的環境是很重要的，環境會影響人的情緒，而情緒又會帶動內容的表達。越是輕鬆的表達環境，越容易給人帶來幽默的感受。

用演的方式表達

不妨想像你自己是一個演員，在某個影視劇中扮演角色。用這種方式時，你可以一個人對著鏡子，私下嘗試練習。慢慢地，當你能在別人面前演得很精彩時，你的幽默感也將大大提升。

以上就是我想給大家介紹的提升幽默表達力的方法。

平時在家裡，我們也可以用演的方式講故事給孩子聽。

媽媽有兩種講故事的方法：一種是單純地讀故事，另一種則是生動地把故事演給孩子看。該是大象時，就用大象的語

調;該是貓熊時,就模擬貓熊的語調;該是兔子時,就變成兔子的語調。這樣,孩子才更願意聽媽媽講故事,孩子會覺得這樣的媽媽很好玩,很有意思。而媽媽也在教孩子的過程中,慢慢培養了自己的幽默感,並且你會發現,孩子慢慢地也會變成幽默的人。

不要被年齡束縛,陪孩子玩時,我就是她的玩伴,我把玩伴這個角色扮演好;講故事給孩子聽時,我把媽媽這個角色扮演好。無論何種場景,我要做的就是將自己融入這個角色之中,更加自如地把幽默這件事做好。

其實,生活中的很多場景都適合被演出來。比如平時你在跟朋友聊天開玩笑時,也可以表演一些內容,而不是平平淡淡地將它說出來,成為「話題終結者」。不要顧及年齡,堅持演下去,相信你的幽默力將會提升很多。

快速與他人建立心理共振

所謂心理共振,就是讓大家覺得我跟你思維幾乎相同。有些人可能會覺得,思維相同幾乎是一件不可能的事情,如果我們只用理性思考,想法要相同確實很難。但是,如果從感性的角度出發,這就沒那麼難實現了。

之所以說要有心理共振才更容易溝通,是因為每個人對頻率相近的人都更有好感,更願意把這樣的人當成自己人。可以說,雙方只有頻率相近,才能是朋友或同伴。

當你嘗試與別人形成心理共振,你就是主動在人際交往中開展了破冰行動。有主動的意識,是建立心理共振的重要前提。

那麼具體來說,我們該怎麼做才能與別人建立心理共振呢?

主動且真誠地讚美別人

陌生人之間的安全距離往往比較大,大家都會有很強的自我保護意識。所以,我們要試著把這一距離感消除,這樣才能與對方有效溝通。

主動而真誠地讚美別人,可以讓對方感受到你對他的認可,博得對方的好感,進而迅速拉近彼此的距離,使對方卸下防禦心理。

真誠的讚美,應該是你發自內心地讚美對方的某個具體的特質,而不是說一些特別虛假的話,或者只是進行公式化的表達。如果你能帶著微笑誇讚對方,將使對方更加舒服。

另外,有同理心當然也是與別人建立心理共振的必要前提。但這部分內容前面已經有所介紹,這裡不再贅述。

站在更高的維度給予建議

讚美可以破冰,提供價值才能讓對方信服。一般來說,我都是先認同對方做的事情,然後給他一些更好的建議,幫他把正在做的事情做好,將價值放大。無論是財富價值,還是人際關係價值,我們都要試著挖掘。

很多來學習創業的人,都想基於自身擁有的某項技能完

Chapter 5　情感加語言，使表達更具感染力

成創業項目。但經過溝通，我會發現一些問題：多數人只擁有單一技能，他們的商業模式沒有經過設計，變現的方式也沒有經歷生態化佈局，他們不懂得如何將自身技能與網路相結合。

面對這種情況，我依然會先肯定他的價值觀、使命和初心。我首先會非常認同他做的事業，因為這不僅是他自己所需要做的，還能夠給他人提供價值。然後，我會從他現在事業的基礎上入手分析，幫他的認知提升一個維度。我會提供給他一些服務使用者的建議，讓他多元地向用戶銷售不同的產品，或讓他結合網路做變現模型。

曾有一個美術繪畫培訓機構的負責人找我，疫情期間他的門市很可能會面臨停業，他找我諮詢該怎麼辦。我先幫他分析了一下用戶，發現他的學員年齡層次相對固定，以孩子居多，但孩子一旦長大，大部分不再需要找他學習繪畫，他不得不持續拓展新的學員。所以為了留住老學員，他需要隨著學員的年齡增長調整銷售的產品，這也是第一個優化產品的思路。

此外，我引導他思考，除了繪畫業務，孩子在學習成長過程中還有什麼需求，可以被開發和深度挖掘。他可以開設一些名畫賞析課、設計動漫繪畫課等等，這是第二個優化產品的思路。

家長們都希望自己的孩子在未來大展宏圖，那麼孩子很可能需要 PPT 的演講演示能力，或者說表達能力。所以，如果他能把自己的繪畫課程升級為藝術表達課程或 PPT 創作課程，也將大受家長們的青睞，這是第三個優化產品的思路。

很多家長會根據自己的需求購買產品，這位創業者在重新創造專屬於自己的標籤的同時，也會獲得更多的收益。

這類案例的核心在於創業者要升級思維，而且要在自己的專業領域中升級思維，管理他人對自己的認知。我們和別人的交流，很多時候都是用自己的專業與別人交換資源或者價值，要善用自己的專業能力拉高自己的價值，讓對方在跟我們說話時有超出預期的感覺。

持續認可對方的優點

在拉高別人對你的預期之後，有些人會主動跟你交流，你會發現這種感覺很好，進而喜歡上跟他聊天的舒適感。

在溝通的過程中，你要時常認可對方，不斷地幫他強化最核心的優點，讓他感受到他的優點，值得被繼續保留。這樣他更易與你產生心理共振，進而主動找你溝通。

當你持續在別人最擅長的領域表示支持，拉近他與你的

距離時，你和對方的心理同頻感也就慢慢出來了。

　　以上三個方法，代表了三個不同的階段，是層層漸進的。本節講的心理共振是一項長期工作，是三個層次逐漸疊加的結果，是一種非常有用的社交方式，也是感性表達的重要組成部分。

感性力量

引導對方展開自我說服
• •

說服的本質是什麼？說服的本質其實不是我們說服別人，而是讓別人說服自己。

通常一個人越理性，越是善於分析，分析的條件越多，就越可以從各個角度去看待被討論的事；感性則會讓人處於非常放鬆的狀態，很容易被擊中內心最柔軟的地方，進而容易被說服。

那麼，什麼樣的說服方法是大家更容易接受的呢？

讓對方意識到自己的現狀

首先，我們要讓對方看到自己的現狀，讓他產生一些改變的意願。在大多數情況下，人們是看不到自己的處境的。你要把你能看到而對方看不到的情況客觀地告訴他。你站在旁觀者的角度，看到的事物可能與對方看到的不一樣，這是

說服別人的前提。如果你看得並不如對方全面，那麼要說服別人就變得很難了。

我輔導過一個開瑜伽教室的學員。當我問她在透過什麼方式招生時，她說做傳單廣告；我問她周圍的瑜伽教室多不多時，她說很多；我問她怎麼拓展自己的市場佔有率時，她說她們的老師都非常專業，只要課程教得夠好，就有一定的競爭力。

我當時就很疑惑：「她的自信心是從哪裡來的？」在我看來，她其實沒有面對現實。

實際上，很多人都有一個盲點，就是把服務當作品牌力，而事實上服務只是產品的一部分，它跟品牌力的關係不大。就算產品再好，大家如果不瞭解它，它也不是一個品牌。你讓大家知道我的服務很好，能夠讓他們理解，能讓他們覺得滿意，這才是重要的。

我打算讓這個學員看清現實，並正確地面對現實。於是我說，你教得好別人也教得好；你能降價，別人也能降價。這樣的話，你有什麼地方跟別人不同？擁有什麼特色呢？

我又告訴她，借助網路的力量放大她的品牌影響力，講述自己的品牌故事，以及為使用者服務的故事，讓更多的人

知道她的服務好,這才是最重要的。整個過程中,我沒有嘗試說服她,而是引導她說服自己。

接下來,她發現了現狀的糟糕程度,產生了想要改變的意願,最終被自己說服,跟我學習線上創業。現在,她不但瑜伽教室做得風生水起,線上創業也進行得很成功。她創立了自己的團隊,從過去陷入困局到現在擁有可觀收入,有了非常明顯的轉變。

談論事實

很多時候,大家只看到問題的表面。透過對比,人們可以發現糟糕的現狀,以便進一步面對現實。在這個環節中,我們主要透過比較和談論事實,讓對方發現問題所在。

曾經有一個學員,在一座小城市跟人合夥開了 3 家游泳館,經營了大約 10 年的時間。他的收入來源主要分為兩部分:第一部分是暑期的游泳班;第二部分是會員辦年卡,如果會員辦一年期的年卡且每天都去游泳,一天的花費不到 10 元。

疫情期間,他的游泳館閉館了 45 天,這期間所有的營收都沒有了,還要付薪資給員工。而由於合夥人意見不一致,他自己策劃的行銷活動沒有什麼人參加。他的事業陷入困

Chapter 5　情感加語言，使表達更具感染力

境，他開始向我尋求解決辦法。

聽完他的故事，我說了一句話：「你開了這麼長時間的游泳館，有沒有想過一個問題，你的客戶來游一次泳，你的利潤還不如一個賣雪糕的商家，你為什麼要做成本支出這麼大的項目呢？」

我要幫他清楚地面對現實，於是對他說：「如今這種情況下，你想再回到之前的經營狀態是不現實的，對於一個沒有設計過商業模式的游泳館而言，就算所有的客戶都來游泳，它的利潤也十分有限。如果你沒有競爭對手，以當前狀況或許能勉強維持，一旦出現了競爭對手，基本上就沒有利潤了。」我建議他學習如何網路轉型及修正商業模式，設計新型游泳場館商業模式。

他說，他曾經去過西安、北京等地上課，想解決自己的經營問題，卻依然沒有什麼效果。很大原因是他的合夥人年齡比較大，不太願意改變，只想憑藉慣性經營事業。

我幫他做了詳細的分析，幫他發現他所面臨的真正問題。聽完我的分析，他才意識到自己的問題所在，也認清了現狀。有了這個基礎，我再去說服他，就變得很容易了。

感性力量

當對方主動尋求解決方案時,為他提供幫助

當對方意識到自己的真實問題,想主動尋求解決方案時,你一定要積極地提供幫助,給一個答案就好。說服別人的最好方法,就是發自內心地幫助別人。

後來,我幫開游泳館的學員提供了兩個解決方案。

第一個方案,利用網路轉型,想辦法把自己的項目放在網路上,同時設計產品線和商業模式,為使用者提供更多的價值。比如,他的使用者關注哪些其他的健身方式,他可以對產品做出相應的調整。

第二個方案,我建議他做兩件事情來提升業績:一件是開源,另一件是節流。用新設計的商業邏輯重新調整人員架構,只保留必要的人力資源。針對整個游泳場館的資源進行盤點,根據新的商業模式對應資源配置。

可能有人會說,雖然他能理解這兩個方案,但在實際執行時,應該怎麼做呢?

這其實和醫生看病很類似。醫生幫病人看病時,第一步往往是患者主訴,說出自己身體的不適感受,比如頭疼、睡不著、食欲不振等。在這個過程中,患者做主觀陳述,醫生仔細傾聽,看看患者呈現出怎樣不佳的狀態。

Chapter 5　情感加語言，使表達更具感染力

第二步，醫生幫患者做檢查等，這時醫生心中應有一份詳盡的病情介紹，即患者的現狀，如他的心臟、肝臟等臟器功能是否存在異常等。

第三步，醫生提供給患者解決方案，應該吃什麼藥，需不需要手術等。

我們說服對方的過程其實也是一樣的。先讓對方意識到自己存在的問題，再幫他找到真正的問題，最後提供解決方案。

整個過程中，我們不斷激發用戶的感性：他想改變，讓他去改變，順應他的感性、順應人性。

我跟客戶做一對一諮詢時，一般不會一開始就給用戶提供他們想要的結果或答案，而是透過層層推進式的提問，讓用戶自己找到答案，我只是起一個助推作用。

很多時候，當我們想說服別人時，可以把自己放在幫助他人、改變他人的位置上，這是感性地說服別人的一個小技巧。

感性力量

CHAPTER 6

建構有
情緒價值的
專屬品牌

品牌的價值定位

品牌定位最重要的核心是什麼？就是為他人提供價值，在這個價值定位上去幫助他人解決一些問題，同時提供情緒價值。一個人只有為他人提供價值，才會被人需要，所以品牌的定位要圍繞價值來建構。

分享個人品牌的老師很多，我在這裡想談談個人品牌的情緒價值有哪些。很多人覺得，情緒價值是一種感性的、說不清楚的東西，就像《道德經》所說的「道可道，非常道」。如果是這樣的話，我們應該怎麼給品牌定位呢？

首先我們要想清楚，自己在為哪一群人提供服務？提供服務的方式是什麼？我們可以解決使用者什麼樣的、什麼層次的問題？

以終為始，價值是品牌核心

Chapter 6　建構有情緒價值的專屬品牌

　　有的人品牌定位的順序是反的，他先想怎麼賺錢，再想做什麼事能賺錢，然後才想如何做事，最後才是要成為一個怎樣的人。品牌定位的核心順序搞錯了，導致本末倒置，便會逐漸迷失自己，這樣的話，個人品牌就不是一個人想表達的真實意義。

　　回到個人品牌的核心，我們首先要想的是想要成為一個什麼樣的人，想幫助遇到什麼困難的人，要給這些人提供什麼樣的價值，然後再思考自己所提供的價值如何適應這個市場環境，最後才是如何去做市場行銷。有一句話，一切始於心，一切終於心。所以，我們做品牌定位一定要以終為始，要從最終你想達到的目標為出發點考慮，而不是短時間內怎麼賺錢。所以，品牌的本質是由心衍生出來的，是感性的。一個品牌應該是真實的、有溫度的。

價值觀引領，與用戶共鳴

　　如今，用戶常基於情感的共鳴做出購買決策，他們所在乎的不僅是產品本身，更是產品、服務或知識中的情感認同。所以，品牌定位的基礎，在於創始人本身是一個真實的、真誠的人，我們在網路上打造個人品牌時也要重視這一點。每

個人都有念舊心理，用戶也希望交到長長久久的朋友，唯有真誠才能打動用戶。

因此，無論打造個人品牌還是企業品牌，我們都要認知到一點：只有發自真心，品牌故事才會感性，我們要靠價值觀吸引用戶，使他們長久地與我們在一起。

作為品牌的創立者，我們更要與用戶站在一起，用戶就是市場，就是我們的衣食父母。所以，我們要先以使用者視角來保證使用者的安全，這是我們的第一價值。你跟用戶是同一個戰壕的兄弟，而不是站在他的對立面。你要把自己當作用戶的品牌體驗官或者產品體驗官，你是在幫你的使用者體驗產品，幫他們做產品篩選。

具體應該怎麼做呢？我們和用戶擁有共同的利益和價值觀，必須與用戶成為同盟。

「共」是指一起，即不要分離、割裂或對立；「同」是指相同，即價值觀相同。也就是說，我們跟用戶的利益不要分開，跟用戶的感受不要分開，跟用戶的需求不要分開，同時我們要跟用戶共同成長。

未來，人們會與價值觀相同的人形成聯盟。所以，今天做品牌定位的人，應該是一群具有相同價值觀的人，我們應

在大家都認同的前提下一起去建設個人品牌。只要願意跟大家共同成長，那麼我們的產品也是使用者的產品，大家一起共同進步。

穩紮穩打地去做

既然品牌定位已經做好了，你就要把根紮下去，腳踏實地去做。如果你一下把自己的品牌定位拉低，一下又提高，你的用戶就很難對你的品牌有明確的認知。

任何一個人，即便不創業，不做什麼大事業，往往也要經營好自己的個人品牌，因為每個人都是一個品牌。每一次跟人談話，每一次面試，每一次公開演講，每一次直播，每一次短影音的拍攝……都是你個人品牌的展示。回到我自己身上，一些人之所以認可我、追隨我，就是因為他們覺得我真實、真誠，充滿感性力量。

我一直覺得，感性地思考可以幫我們找到真正的自己；有時越是理性地分析，我們越不知道該怎麼往下走，會感覺寸步難行。所以，倒不如從心出發，覺得一件事適合自己就去做。一步步往前走，只要有熱情，有發自內心的引領，好的結果總會慢慢顯現出來。

那麼，要如何做到跟隨內心，有定力地做自己呢？

堅持學習各種知識

知識是我們從外界學來的，「三人行必有我師焉，擇其善者而從之，其不善者而改之」。這就是學習的一部分，此處不再贅述。

由內向外地學習

「學」只是一個單純的行為，怎樣才能學會呢？得靠「習」，即實踐來學。過去我們買的練習簿叫《習字》，意思是字是被練出來的。其實，不管我們做什麼事情，都離不開「習」這件事，能力是透過實踐被由內而外練出來的，透過不斷地練習，我們可以更容易地具備某項能力。

有修為才能有氣場

為人處世時，很多人都想成為一個有能量的、有氣場的人，這個能量是從哪裡來的呢？是用修為修出來的。怎麼去修呢？我學到的方法，是帶著利他之心來為人處世。當一個人修練好了修為，對內來說，自己有了能力；對外來說，有

了氣場。一個人的能量值和影響力就是這麼來的。

腦、身、心合一

「學＋習＋修」三件事一起做，指的是用大腦學、用身體練、再用心去悟。當腦、身、心都用到時，我們可以擁有更大的智慧。

我經常跟我的創業夥伴說，「人」字一邊是自己，一邊是他人。這個怎麼解釋呢？「人」有兩條「腿」，即一撇一捺，一邊指的是自己走，另一邊指的是他人幫我們走。所以，我們不但要利己，還要利他。也就是說，要先做好自己，再去幫助他人。具體而言，就是正心修身，先把自己的心態擺正，每天不斷地努力。我們應該和用戶共同學習、感悟，共同獲得智慧。

感性力量

價值觀是品牌的情感寄託

所謂價值觀,是一個人做一件事情時比較看重的東西。企業價值觀就是這個企業的價值追求、願景和使命等。

企業在初創時期,或者是想做一件事情時,但是沒有那麼多資源,如果想去連接一些人,那些看中利益的人大概不會跟他在一起,價值觀一致的人就會選擇在一起。所以說,價值觀是可以使人暫時拋開利益,把同類人連接在一起的非常神奇的東西。

那麼,價值觀有哪些類型呢?

在我看來,價值觀大致可以被分成兩種:一種是利己的,另一種是利他的。

利己的價值觀

利己的價值觀,就是自己得到利益的話就做,得不到利

益的話就儘量不做。我們在尋找事業夥伴、招聘員工時，都會遇到這樣的人。這類人首先關注自己的利益，凡事以自己為先。

利他的價值觀

利他的價值觀，就是以別人為先，自己的事情可以往後放，擁有此類價值觀的，是群以「先天下之憂而憂，後天下之樂而樂」的人，總是將別人的利益放在前面，自己吃點虧也沒有關係。

這兩種價值觀通常並不能被分割開來，它們是相互依存的。《自私的基因》告訴我們，人的本性一定是利己的，至於怎麼才能更好地利己，我們往往在先利他時才更能利己。

對價值觀的理解，確實有層次之分。從企業的角度來講，價值觀反映的是創始人的格局、企業的格局。三流的企業做生意，二流的企業做業績，一流的企業做價值觀。

比如小米剛開始創立時，企業使命是「為每個中國人提供一台性價比高的手機」。但今天雷軍說，他想讓每個人都能夠享受科技的樂趣。隨著環境的不同，小米的價值觀在發

生變化，或者說，一個企業的能力越大，想要追求的價值就越高。價值追求能為我們指明方向，越是遠的追求，越是模糊、朦朧的，這時候需要我們明確一個大致的方向；而越靠近眼前的東西越是清晰的，越需要被落實。

從個人的角度來看，價值觀反映的是一種生活的選擇，是對自我使命、自我價值的選擇。三層的人才向錢看齊，二層的人才向能力累積看齊，一層的人才向價值觀看齊。

我們不能說喜歡賺錢是錯的，但是僅僅把賺錢當作價值觀的人，可能並沒有意識到金錢是提供價值的一種副產品。所以回過頭來，既然我們要建立品牌，便要讓大家看到我們能提供什麼樣的價值，能夠為他人解決什麼問題。

2019 年，我在工作中遇到了瓶頸，同時在子女教育方面遇到了困難。我非常焦慮、迷茫，到網路上找課程學習，希望能用個人成長來解決問題。我找到了張萌老師的「財富高效能」的實體課，第一節課結束後，她要我們每個人都寫一下自己的人生藍圖，也就是自己的人生使命，做一個自己的人生定位。

當時，我覺得孩子的學習是個非常現實的問題。我一直

認為，孩子的學習成績一定有辦法提升，是我們沒有幫助孩子找到好的學習方法，所以孩子才不愛學習、學習不好。於是，我為自己設立了一個定位，叫作「張婷——智慧家長帶頭人」。

經過學習，我發現了問題：很多跟我一起學習家庭教育的人，在學習後並沒有實踐。也就是說，單純學習家庭教育並不會讓大部分家長發生改變。我就在想，是否可以透過自己的學習帶動他人學習及實踐。於是，我重新為自己設立了定位：「張婷——課程精進指導教練。」這時，我的主要目標是讓學員學會課程，讓他們能夠透過課程自我精進。

又過了幾個月，我又發現我可以透過學習知識做到知識變現，幫助學習者把學習轉化為生產力，所以又重新給自己進行定位：「知識變現導師」。自此，我開始幫別人解決知識問題。

再後來，我發現自己可以輔導創業小白提高月收入，所以把自己的定位升級為：「張婷——小白創業導師。」

最近這段時間，我透過學習和實踐，又對自己的定位進行了升級，變成：「創業賦能教練。」我開始帶領學習者一起進行網路創業，從創業素質講到方法技能、實戰訓練。跟

我一起創業的人，不僅個人得到了成長，而且在原來收入的基礎上，擁有了網路創業的收入，我在更高的維度上給大家提供了幫助。

這個自我升級的過程，其實就是我的價值觀不斷進化的過程。我本著幫助他人的原則，一路升級自己的能力。

品牌的建立，要有價值觀的加持，它反映的是一個人追求層次的高低。在價值觀不斷進化的過程中，我們會跟用戶產生持續的連接，思考用戶的需求是什麼，以及自己內心最想要什麼，透過價值觀與用戶建立持續而緊密的聯繫，增強用戶黏性，促進共同成長。

Chapter 6　建構有情緒價值的專屬品牌

感性價值是重要的部分

感性價值可以擊中用戶心理,影響用戶情緒,對品牌資產的累積有極大的促進作用。

我每次授課,都用自己的知識儘可能多地幫助學員理解課程,提升學員的學習能力與速度,透過學習得到結果。我做這些事情並不僅僅為了自己的個人品牌,也是為了團隊的品牌。我希望有更多的用戶認可我們,加入我們的團隊,我就是在讓自己的個人品牌為我們整個創業團隊服務。總之,目前我的直播、朋友圈、授課內容等,都以這個原則為出發點。我用我的個人品牌傳遞團隊共同的價值觀,以展示我們能為用戶解決什麼問題,詮釋我們的價值,幫助團隊中所有創業夥伴更好地實現知識變現。

對我的學員,我總是盡力幫他們發現目前存在的問題,給他們好的建議,進而一起尋找解決方案。他們也相信我所

說的話，是我的感性價值影響了他們。

在知識付費變現的課程中，有很多優秀的老師，為什麼會有那麼多人選擇跟我學習，是因為我有很強的競爭力嗎？並不是！是因為我更懂得運用感性的力量，讓學員們感覺到我更懂他們，我更能站在他們的角度上提供最大化的價值。

我更加關心用戶本身關心什麼，有哪些問題需要解決，把他們關心的問題當作重要緊急問題，能解決的便及時解決。即便當下無法解決，也會思考怎麼幫他們解決，這些都是用戶能真切感受到的。

關心細節

我不會千篇一律地認為用戶都是一樣的，所以不會透過給使用者畫像的方式呈現他們的需求，我會真正瞭解用戶特殊的、特定的需求，這是我與用戶連接的一個特點。

比如對某個女學員，我不會認為她僅僅是一個職業婦女，我會更加關注她其他的身份：媽媽、妻子。她要平衡家庭又要提升自己，還要教育孩子，我需要幫助她扮演好多重角色。她是一個有情感的、生動的、有細節的、獨特的人，是一個立體的人。

總結起來其實就是一句話：不把使用者當資料、當流量，而是把用戶當作立體的、獨特的個體，這樣才能挖掘用戶背後特定而又多重的需求。

真誠、直接地對待用戶

真誠和直接，往往意味著不為了取悅和討好用戶而遠離他們，而是應該指出他們的問題所在，並儘可能地幫助用戶解決問題。

以我自己來說，我的真誠表現是我不僅會直接指出用戶的問題，還會幫助用戶解決問題。所以，我的用戶都覺得我很好親近，我能拉近和用戶的關係和距離。我的真誠和直接也不會讓用戶覺得我是在取悅和討好，而是實實在在地幫他們解決問題。

很多人覺得我這樣做多此一舉。甚至有的用戶會感到不可思議，我作為一個與他沒有任何關係的人，為什麼會如此替他著想。

我願意為用戶多做這一步，是真的想幫他們解決一些實在的問題，用戶也能感受到我的真誠，很多用戶甚至因此成了我的創業夥伴。

以平等視角探討和解決問題

今天這個時代,大家都希望自己能被關注。一味仰望他人時我們會有壓力、會感覺累,會習慣性地把對方當作權威。

所以,我一直把自己定位成學習者的學姐或朋友,把自己當作團隊的幫手,而不是高高在上的管理者。我跟所有人一樣,是他們當中的一員,我會說他們聽得懂的話。我提供建議給他們,在交流的過程中,我們的地位是平等的,而且我始終面帶微笑,讓他們感覺我在用平等的視角和大家一起探討、解決問題。

我始終認為自己是個非常普通的人,換句話說是個沒有任何資源和背景的路人。人外有人、天外有天,我看得清自己,深知自己是一個普通人,要把全部力量用在更多的普通人上,所以大家覺得我很接地氣。

在直播時,我把我的粉絲稱作「豌豆公主」,每天精心地呵護他們。童話故事中,豌豆公主因為一顆豌豆而睡不著覺,因為她習慣了舒適柔軟的床。我精心準備的內容,每週一至週五早晨在直播時分享,毫無保留,就是在為我的豌豆公主們鋪一張舒適的床,以至於大家願意留在我的直播間,

聽我講的內容。

　　正是因為我跟用戶們距離很近,能站在他們的角度上考慮問題,能滿足他們的情感需求,所以贏得了大家的認可。

　　個人品牌應該是鮮明的,是極具個人特質的,也就是充滿感性的,這也是個人品牌競爭力的核心。一個鮮明靈活的人,應該有自己的個性,而不是追求跟其他人一樣,人們也無須模仿網紅或名人。

　　以前我總覺得自己是一個中年人,應該給人優雅、沉穩的感覺,但我試過,還是有些困難,所以我用自己的方式展現特性。大家說我直播間裡總有「魔性」的笑聲,很有能量、很療癒還很幽默,聽我的直播很開心。這就是我,真實且鮮明的我,我的品牌特質可以說是獨一無二的。

　　個人品牌越是鮮明、越有個性,越能讓用戶深刻地記住。我們在提升品牌競爭力時,感性力量的營造就顯得十分重要,我們堅持做鮮明的自己,便更能夠提供感性價值。

感性力量

品牌聲譽就是品牌吸引力
● ●

　　有很多人問我：你總是強調「感性」，這個詞有點虛無縹緲，難以掌握，怎麼衡量給使用者是好的服務、好的價值？

　　實際上，只要你的品牌聲譽建立起來，或者潛在的品牌聲譽已經有了，品牌在用戶心中將是屹立不倒的。

　　品牌聲譽的來源極具綜合性。它是自信表達、成長心態、堅定意志、長期主義的精神等共同作用的結果。如果你能把為用戶提供的價值以故事的方式呈現出來，進而形成榜樣的力量，你的內容就具備一定震撼性和說服力，用戶將自然而然地受到感染。

　　比如我曾經把自己的故事拍成短影音，講述自己這些年來的經歷和心得。很多朋友看了給予評論與回饋，在評論區裡留下，在他們眼中，我是一個什麼樣的人之類的評價。看了我的過往，瞭解了我的態度，他們覺得很勵志。很多人把

Chapter 6　建構有情緒價值的專屬品牌

我當作榜樣,這就是我樹立個人品牌聲譽的一個過程。

那麼,具體來說,建立品牌聲譽需要做好哪些事情呢?

做好每一件能做好的小事

建立品牌聲譽,需要我們腳踏實地,把每一件小事做好。我之前講過我的價值觀升級過程,一開始我沒有過高的目標,只想根據自己當時的能力,在每一個時間點,做好自己能做的事情。我做的事情都很真實、具體,時間久了大家自然會發現我的真誠和改變,並且相信我能夠做到。

如果我一開始就設立一個大大的願景,自己都感覺沒把握、做不到,那大概會讓別人覺得很虛假,無法取得別人的信任。自己都不夠堅定,就不要奢望有較高的品牌信任度了。

品牌成長速度應快於使用者預期

一般來說,某個行業的用戶是一類相對固定的人群。這類人群會有相近的價值觀和需求,隨著認知的提升,他們的需求在不斷提升,價值觀也在逐漸升級。這就要求一個品牌能夠提供的價值,要能跟上甚至超出用戶的預期。

品牌成長的速度只有大於使用者的期望值,才能讓用戶

對品牌黏著性更強，這個品牌才能更加有聲譽。

品牌定力和長期主義精神

做品牌時，很多人的定力不足，今天想做這個、明天想做那個，後天又想做其他的。總在不停地換方向，用戶的信任度和黏著度降低，慢慢地也就沒有什麼聲譽了。

建立品牌，應該堅持長期主義，做一個你認為值得做一輩子的事業，讓用戶看到品牌的定力，這樣你才能打動用戶，使品牌在用戶心中有一定聲譽。

無論你在哪個行業、哪個賽道，都不必過於糾結，當你的個人品牌做好了，基本上你做任何事情都是在為用戶做加法和增項。或者說，你可以為用戶提供更高維度、更高品質、更大價值的服務。

在建立了品牌之後，你需要不斷地向更多人呈現這個品牌。用戶看見品牌的次數多了，才能對品牌產生印象甚至嚮往之心。這種做法符合用戶的心理需求，在心理上它被稱作「多看效應」。透過高頻率地出現，吸引用戶的目光，慢慢就能把用戶牢牢地吸住。

那麼，怎麼逐步把品牌聲譽變成對用戶的吸引力呢？

感性帶來的「無中生有」

所有的品牌都會經歷從無到有的過程。品牌的建立，經歷了前期的市場調研、商業策劃、用戶分析，一步步從無到有、從小到大。

但我的個人品牌的建立之路更接近「無中生有」。

一開始我的公司叫「賦能智慧」。當時我想做的事情，是幫助家長給孩子找到更好的學習方法。我想創立「賦能智慧家長學院」這一項目，所以給自己的公司取了這個名字。這個名字其實也是很感性的，我靈機一動想到了它。

但是有些人覺得，這個品牌名稱太難懂，大多數人都不知道賦能智慧是什麼？帶著這個疑惑，我向一位幫助許多大公司做過品牌設計的大咖求教，跟她探討「賦能智慧」的名稱。對方告訴我說非常好、很大氣、很有時代氣息，也符合我做的事業和願景。於是，我就這樣堅持下來了。

升級品牌

建立良好的品牌後，更重要的是讓品牌有持續成長的空間和可能。你要做一些正確的事情，比如宣傳、公益等，以此配合和支持品牌的發展，讓品牌產生更大的影響力，這樣

品牌才能越來越吸引人。

如果人們能基於品牌價值經營自己的品牌,品牌就可以隨著價值的提升而不斷升級,用戶也會產生相應升級感受。如此一來,用戶的忠誠度會更高,品牌的吸引力將不斷被放大。

堅守價值感,要使品牌超出用戶的預期

我們要堅守品牌的價值感,不能偏離方向,而且要保持品牌價值感的持久性,爭取超乎預期的體驗。比如,這個品牌在用戶心中的定位是 A,但是我們要做的是 APlus,最終我們呈現出來的確實也是 APlus,這就是超出用戶的預期。

想要超出用戶的預期,便要創造驚喜,給他們一些意料之外的收穫,這樣品牌才能被更好地傳播。可以說沒有驚喜就沒有口碑,用戶之所以願意幫你傳播,是因為你做的事情確實在一定程度上幫助了他們。

比如我對用戶的吸引力,主要來自於他們看了我的影片或直播,覺得我很勵志,想向我學習。他們沒想到我這樣一個女性,會在 38 歲時透過學習發生巨大變化,會有那麼多

Chapter 6　建構有情緒價值的專屬品牌

精彩的故事和磨練,這超出了他們的預期。

　　要堅定不移地為用戶創造驚喜,這樣我們的品牌聲譽才會不斷增強,產品才能吸引越來越多的用戶。

感性力量

有溫度的品牌故事
● ●

　　為什麼要說一個有溫度的品牌故事呢？因為有溫度的品牌故事對建構品牌而言十分重要。自然地講好品牌故事，不僅可以帶動用戶的情緒，更能好好地詮釋品牌，還能夠讓人更加信賴，使品牌形象更加深入人心。

　　一個品牌，看起來好像就是簡單的幾個字，但創始人的基因已經融入其中。所以，品牌故事一定要跟創始人的故事緊密結合。這樣我們才能透過故事，讓用戶更感性地理解這個品牌，而不是僅僅停留在字面意思的理解。這就是為什麼很多品牌會透過故事做廣告行銷，它們雖然沒有解釋這個品牌的字面意思，用戶往往對這個品牌的理解更加深刻。

　　那麼，具體應該怎麼把一個品牌故事講好呢？

好的故事一定有內在的動機

人們要去做某件事情時，會有一些內在的動機，這些動機往往帶有感性的因素。一個好的故事也一定有內在的動機，帶有感性的色彩。

我經常講我小時候在奶奶家的故事給粉絲聽。奶奶是一個有點重男輕女的人，所以奶奶不太喜歡我這個孫女，我在奶奶家的生活也是小心翼翼的。有一次，餐桌上有兩碗粥正在放涼，我覺得應該是給我的。我忽然想嚐嚐在粥裡加鹽是什麼味道，就在粥裡加了一些鹽。怎知奶奶已經提前幫我加了糖，我一嚐，又甜又鹹的粥太難喝了，我擔心被奶奶發現，便一口氣把粥喝完，還不敢告訴奶奶⋯⋯

當時，我父母住在陝西省三原縣，我奶奶住在銅川市。每個週末，父母都會到奶奶家看我。過完週末父母要走時，我會送他們到火車站，看著火車開走後才跟奶奶回家。奶奶家裡有兩個房間，一大一小，小房間裡放了台縫紉機，每次父母離開後，我都會蜷縮著坐在縫紉機的踏板上哭，一哭就是一下午。

小時候，我在一個沒有安全感的環境中長大。後來我考上了軍醫大學，從普通的鐵路職員家庭走向部隊，又從部隊

走向首都,現在又成了家族裡面唯一一個創業的人。

親戚都覺得我是一個很神奇的人,說我和小時候比簡直變化太大了。但只有我自己知道,這一路走來,我的內在動機就是想向奶奶證明女生也可以很有出息,這個目標推動著我不斷向前。

鮮明的人物形象不可少

在一個好的品牌故事中,人物是靈魂所在,鮮明的人物形象是不可少的。

一個品牌之所以偉大並且屹立不倒,也是因為創始人的生命中有某些特定的人物出現,這些人物對品牌創始人造成了極大的影響。

比如我在醫院工作時,有一位情商很高的護理長,我就向她學習如何提升情商。做藥廠業務時,我的老闆非常真誠,他說過:「如果能力得不到提升,走到哪裡都一樣」,於是我選擇透過學習來提升自己。對我來說,每一個能為我帶來正向影響的人,都是值得我學習的。

另外,品牌的故事中需要出現一些關鍵人物,這些關鍵人物對故事的主角到底產生了什麼樣的深遠影響也很重要。

Chapter 6　建構有情緒價值的專屬品牌

比如我幾乎不太提及我父母對我創業的影響，因為他們非常尊重我的選擇，任由我「野蠻生長」。如果父母過於干涉我的選擇，或者給我帶來很大的壓力，我想我將不會有今天的發展。

有衝突和反差才是好故事

與感性有關的好故事，一定會有衝突、對比和反差。

沒有衝突的故事，是平鋪直敘、缺乏趣味和吸引力的。衝突、對比和反差，都是觸發感性的絕佳手段，我們只有不斷刺激感官，才能讓大家走進故事、身臨其境。

比如我曾經是一個在職場打拼的普通人，透過學習將知識變現，後來成為一名創業導師，帶領千人團隊共創千萬業績，這就是一個有衝突的故事。再如，我的一個學員原本是一個家庭主婦，每天帶孩子、做家務，沒有經濟收入，只能靠丈夫的收入維持家庭開支。她透過學習成為月入 5 萬元的創業者，現在她請了一個阿姨幫忙打理家務，她自己的家庭地位也得到了提升。這個故事的反差和對比就十分吸引人。

整理自己的故事

隨著年齡增長，一個人遇到的人和事會越來越多，這些故事會不斷地增加和累積。所以，人們需要定期整理，想想哪些故事能更好地提升品牌。自己的成長故事、奮鬥故事、團隊故事等，也都可以融合進來。

在整理故事的過程中，我們不僅可以累積新的故事，也能從以往的故事中發現新的亮點，讓故事變得更加充滿感情，更有感性色彩。

即便是同一個故事，我們也可以從不同的角度解讀，深度挖掘故事背後的價值，把它運用到各種不同的場合之中。

一個有溫度的品牌故事，往往是真實發生的，因為才能打動人心。

滿足用戶的超預期需求

一般來說，很多用戶會對品牌有超預期需求。預期是一種感性的東西，超預期就是讓感性中的感覺放大、給人驚喜。在滿足用戶的基本需求之外，一些品牌方還能提供一些延伸服務，讓使用者有驚喜的感覺，這樣更加有利於贏得用戶的喜愛。

好的品牌其實都有很強的延展性，它就像一個柔軟的麵團。麵團本身足夠柔軟且具有彈性，當我們把它揉成麵皮時，它的面積就可以不斷擴大。

當然，就像麵團的彈性有所差異一樣，品牌的延展性也是不同的。所以，有的品牌延展起來比較容易，有的品牌延展起來會比較難。那麼，什麼樣的品牌容易延展？什麼樣的品牌不容易延展呢？

感性品牌或者女性品牌更容易延展，理性品牌或者男性

品牌則相對不太好延展。為什麼這麼說？因為品牌的延展性往往建立在用戶的認可度上，它與感性的關係更緊密一些。

當品牌的感性屬性很強時，用戶的情緒容易被感染，就容易很自然地接受品牌延展。當品牌的理性屬性很強時，如果我們用感性做品牌延展，則會帶來一定的違和感。

用戶對品牌的延展性需求，一般有哪些呢？

分享個人使用心得

無論打廣告還是個人社群的品牌行銷，一些品牌方都會主打自己的感受，向用戶分享自己的使用心得。

為什麼要講使用心得？因為用戶喜歡看。這其實是品牌方在身體力行地幫大家做產品測試。比如網紅直播帶貨，很多時候她不用講這個口紅是什麼色號，只須塗抹一下，用戶便願意消費。用戶親眼看到了效果，親耳聽到了評價，對產品就有了更感性的認知。所以對用戶來說，親自測評之後的感受，是很重要的影響購買的因素。

因此這個產品和測試的過程一定要真實，這樣你才能代表一個群體去感受購買的體驗。很多網紅之所以受歡迎，就是因為能跟用戶分享使用心得，貼近用戶想法，能表達用戶

的心聲。

從某種意義上說，體驗是一個產品基本的功能性需求，要給用戶好的體驗，產品應品質過關，並保證安全和品質。在基本需求之外，品牌能夠帶給用戶更多感性的需求，讓用戶有超預期的感受，進而滿足他們超預期的需求。也就是說，用戶對品牌需求的延伸有一定程度上是基於感性，感性的部分也可以讓我們的品牌進行延伸。

滿足用戶好奇心，擴大自己的隱私象限

大部分用戶都有「窺探心理」，很想知道某個品牌在基礎功能之外，還能給他們提供怎樣的額外服務和體驗。如果產品能滿足使用者的這種好奇心，也會給用戶超預期交付的感覺。

用戶的窺探心理延長了產品本身的價值和意義，推動了產品與具體的生活場景相結合。任何一個產品的體驗過程，其背後的故事或延伸的內容都是超乎使用者預期的。在這方面，我通常的做法是：把我隱私象限的其中一部分放大，讓用戶看到放大之後的我具體是什麼樣子。這樣做的目的，是讓使用者看到我與產品的情感連接。

所以，當用戶有一定的需求時，你可以透過放大一部分隱私象限引發用戶的好奇，滿足用戶的窺探心理，帶給用戶超乎預期的感覺。這樣你的產品價值就會被放大，品牌影響力也會不斷擴大。

專業和跨界相結合

在做產品的過程中，最重要的事情之一，就是讓用戶滿意。用戶感覺滿意，他們的忠誠度就會提高，雙方繼續合作的可能性就會更大。畢竟，用戶也想降低選擇成本。

如果你能帶給用戶超乎預期的感受，他們就會心滿意足，對品牌的信任度更加增強。要做到這一點，你要根據馬斯洛的需求層次理論提升使用者的需求。具體來講，一種方法就是將專業和跨界相結合，給用戶更多的消費體驗。

專業和跨界結合，就是你在深耕專業領域的同時，可以透過跨界對產品進行延展。

在跨界上，我提倡大家可以向小米學習。小米已經擁有了自己的生態系統，它的產品在不斷延展，可以多層次、多領域地滿足用戶的需求。

可以看到，無論從專業角度，還是從跨界角度，品牌其

Chapter 6 建構有情緒價值的專屬品牌

實都能在一定程度上滿足用戶的某種需求,給用戶好的消費體驗。如果能把二者結合起來,那麼用戶將有超預期的滿足。給使用者超乎預期感覺的目的,其實就是讓用戶永遠喜歡我們,為使用者服務也是我們的終身事業,這是建構品牌的一種方法,也是挖掘用戶終身價值的一種方法。

品牌和用戶的關係,應該是相互陪伴、共同成長的。二者彼此深度認可之後,用戶大多會留下。品牌不僅要陪伴用戶成長,還要幫他們不斷提升自己的價值,這是挖掘用戶消費體驗,實現與使用者共同成長的最好方式。

感性力量

CHAPTER 7

銷售變現中的感性色彩

感性力量

消費者心理對銷售的影響

常見的消費心理是什麼樣的？很多人認為是衝動消費，也有人說是觸動消費，還有人說是感性消費。其實，這些答案背後都隱藏著這樣一個邏輯：使用者在消費時有一點衝動性，產品才具有更大的價值。這麼說本身沒錯，但衝動消費和感性消費也並不是一回事。

感性消費中，消費者從心出發，潛意識覺得需求被激發出來了。它不過分強化產品屬性，而是勾勒場景，強調商家應給予用戶感性的同理心，向用戶描述未來的各種可能性，營造用戶的認同感。而衝動消費是短視的。

那麼，應該怎麼透過感性引導消費呢？

幫使用者找到底層消費需求

我們應讓使用者自己確認，購買某個產品到底要做什

麼,然後用具體的方法去引導他找到自己的底層需求。不要一味認為感性就等於衝動,我們應該明確區分感性消費和衝動性消費,先讓用戶找到他想消費的底層需求想法。

讓用戶有免費的感覺

不少用戶都有一點「佔便宜」的心理,給用戶一種免費獲取的感覺,用戶將非常樂意買單。

把自己的產品設計為「免費」就是一種很好的方式。用戶將感到自己的消費不是消費,是一種投資行為。我們可以先讓用戶購買,同步設計滿足某種條件的退還模式,這樣的退還模式不但可以驅動使用者為了完成某種任務而留存下來,還能使用戶成為品牌的宣傳者,甚至是銷售者。

把產品放在生活場景中

使用者購買產品是為了滿足需求,這個需求一定是在生活中的某個場景下出現的,所以在銷售產品時,我們要講解這個產品的使用場景,用場景激發用戶的感性,讓用戶可以想像到他在擁有這個產品之後,生活中場景將會發生哪些好的變化,這個結果又會讓他如何獲益,用這個獲益的結果來

促進用戶購買。

投資思維

　　一般銷售給客戶的感覺是讓客戶花錢，高級銷售給客戶的感覺是自我投資。花錢是一種消費行為，是從客戶的口袋往外掏錢，而投資是幫助用戶累積財富。我們如果能從這個角度溝通的話，使用者將更樂於購買產品，因為投資自己是最划算的事情之一。銷售中的投資思維，指的是讓客戶認可自己的行為，從本質上講，就是讓客戶自己成交自己。

　　此外，還有兩個技巧和策略：一個是底線思維，另一個是成長思維。

底線思維

　　底線思維，就是可以給客戶介紹最壞的情況。我們要從感性上去表述這一底線，要讓客戶體驗我們表述的感覺，使客戶相信，即使在最差的情況下，他購買產品仍會獲益；即使是期望值內最小的收穫，也好過沒有收穫；即使是一個一般的結果，和他自己的現狀對比起來，也是一個更好的結果。

成長思維

我們可以讓客戶看到自己的成長空間，對客戶描述一個客戶與公司共同成長的過程；用感性的詞彙進行表達，使客戶構想未來的畫面，讓客戶想像未來的自己，這樣我們就能用感性的力量推動成交進程。

總之，以感性的力量做銷售，在銷售過程中我們可能不需要產品對比、分析資料、進行性能介紹，只需要喚醒客戶的購買欲，激發用戶的興趣即可。

感性力量

產生精神共鳴

產生精神共鳴是銷售產品的基礎，在瞭解精神共鳴之前，我先解釋一下「精神」這個概念。精神是一種存在於情感之上的東西，它比情感更加複雜。

如今，很多產品的銷售都是以社交的形式進行的，它是一種精神上的社交。而我們往往都是與頻率相近的人來往，這樣更容易形成精神共鳴。

知識與故事串聯後，會形成一股更重要的力量，這是一種在價值觀之上的精神配合。過去幾十年間，網路讓我們每個人可以在短時間裡，了解世界各地發生的事情。同時，隨著知識付費時代的到來，人們資訊和認知的差距變得越來越小，人們也在快速地進步。大家也開始關注情感方面的需求，對精神的追求更明顯。所以，我們要看到這個機會，提升自己的個人品牌。

我的粉絲和學員之所以認可我，也有一部分原因是覺得我能夠讓他們感覺到情感上、情緒上的共鳴。當他們覺得自己沒有能量時，看到我的直播就會很有能量；哪一天沒有看我的直播，他們就感覺這一天少了點什麼。他們已經習慣每天從我的直播中獲得能量，這就是一種精神之力。

那麼，我們如何與用戶產生精神共鳴呢？

做真實的自己

我覺得不用刻意地包裝自己，不需要一味迎合大眾的眼光。若想與用戶產生精神共鳴，只要做好最真實的自己就好。真實的自己更易讓大眾耳目一新，大家也會期待這個品牌的更多可能性。

相信習慣的力量

我堅持每週一至週五早上8點直播，這一習慣從未間斷。這種堅持成為一種精神引領，幫助用戶形成習慣依賴，讓品牌價值深入人心。

因此，一個品牌之所以能深入人心，往往源自於對用戶習慣培養的重視。當你的個人品牌有固定的時間、場次、時

感性力量

間,以一個固定的內容進行傳遞,使用者將對產品產生依賴,大家會在不知不覺中被感染和改變。

提煉關鍵故事

什麼叫提煉關鍵故事?就是將能夠感染大家的,將你自己身上發生過的、有能量的故事提煉出來。

我相信,無論多麼小的個體,都會有令人震撼的故事。當我們將這個震撼的故事提煉出來,強調當事人的勇敢、堅忍等特質時,就會形成一種精神力量。也就是我們應該將震撼的、有感染力的故事,用使用者喜歡的方式表達出來,重視習慣的力量和精神之力,讓故事走進用戶的內心,打造精神的能量。

很多時候,我們之所以有這種感染人的精神之力,是因為我們說出了用戶的想法,做出了用戶嚮往卻不敢去做的事情。我們必須看透人性,並且說:「首先,我理解你;其次,我將替你證明你自己。」

精神之力應保持持續性和穩定性,讓用戶感受到堅持的力量,讓用戶養成習慣,使用戶感受到此人不是來炫耀的,而是來幫助大家一起成長的。

Chapter 7　銷售變現中的感性色彩

變現模式要符合人性

在銷售領域中，有兩件最難的事情：一件是把話裝進別人的腦袋裡；另一件是把別人的錢裝進自己的口袋裡。所以，我說銷售變現是指一個人打開他的錢包，把錢交給另一個人的行為動作。

我們分析一下這個行為動作是怎麼產生的。用戶想買他想要的東西，才會出現行為。所以，要想讓用戶購買，在他做購買動作之前，我們一定要發現他究竟想要什麼。

也就是說，我們的變現模式，要符合使用者的需求，滿足用戶的欲望，解決用戶的問題。

那麼，常見的變現模式有哪些呢？

出售自己的時間、技能、經驗

這類人往往作為人力產品在職場中工作。通常他會把自

己放在勞動市場中，尋找合適的合作對象。這是最普通的變現方式之一，勞動者透過出售自己的時間、技能或經驗來變現。

出售產品

透過低價買進、高價賣出變現，也是一個簡單的變現模式。你不僅要有受歡迎的產品，還要有好的利潤空間，透過行銷與銷售來完成交易，獲取利潤。

顧問或諮詢

以自己的專業性，提供個性化的問題解決方案給他人，實現變現，這屬於出售個性化的服務。

核心目標是為他人提供價值，不僅是顧問諮詢類工作，人們正常上班、出售產品，其實也是在為他人提供價值。所以，我們要不斷提升自己、學習成長，才能為他人提供價值。

一般來說，我們會出售有形產品或無形產品，抑或是將有形產品和無形產品組合起來出售。

如果你問我在現在、未來，什麼變現模式比較受歡迎？我會說，是以上形式的組合模式。

因為人們追求的不再只是產品本身，更是想要成為更好的自己。無論何種形式的產品，使用者實際上追求的，都是更美好的生活和更好的自己。對無形產品的出售更是如此，比如學習健身課可以使人變得更健康、變得更美，進而成為更好的自己。相反地，一種變現模式如果不符合人性，品牌的狀態應該也不會多好。

那麼，變現應該遵循哪些符合人性的原則呢？

選擇自己認可的產品

查理・蒙格（CharlieMunger）說：「自己都不想要的產品，不要賣給別人。」我們要選擇自己認可的產品變現，這樣才能融入更多感性的體驗和感受。首先我們要認可自己的產品，之後我們在出售時才特別有底氣；因為自己受益，所以才想真誠地推薦給更多人。

追求長期性

將不具有長期性的產品賣給別人，表面上看似解決了一些問題，但實際上製造了更大的問題，不要把這種產品賣給別人。你要選擇短期內對大家有效，但是有長期價值的產品，

這就是我說的符合人性，即要選擇有長期價值的產品銷售變現。

不要選擇逆人性的產品

如果用戶從你這裡得到的東西比他失去的更多，那麼這種產品最好不要賣給別人。也就是說，你賣了這個產品，可能之後要付出更大的代價。

其實，符合人性的變現，是要看你的產品設計的合理性和安全性。所以，產品的設計也十分關鍵，變現模式要符合人性，意味著你的產品要跟使用者或者消費能力匹配。

並且要找準確的使用者，根據不同的人群設計不同的產品，或者根據不同的使用者，推薦合適的產品。還有一種方式就是，將現有的產品匹配到適合的使用者。總結起來就是，為使用者匹配產品，使產品匹配使用者，這樣才能把產品賣好。

值得一提的是，有的產品商家認可，但用戶暫不認可，這時我們還要變現嗎？答案是：可以變現，但首先要解決一個問題，即幫助用戶找到令他們認可的價值，提供使用者購買產品的理由。

追求共同利益,實現未來價值最大化

在理解共同利益之前,我們先要瞭解什麼是利益。其實利益也是一種感性的需要,我們在提供利益的同時,要給人提供一種價值感。

那麼,我們如何看待共同利益?首先它是一個正和遊戲,再者要關注它未來的價值,合作時要把眼光放在未來。也就是說,你不僅是和現在的他合作,更是跟成長中的他和成長之後的他合作。然後以他的優勢為著力點進行合作,慢慢地他也會長出新的能力。

這需要一個成長的過程。一個人原本不懂如何創業,或者不會銷售變現,抑或是副業變現,但有過一次變現經歷,他會讓這個經驗沉澱下來,成為一個直接經驗,然後試著去第二次變現。依此類推,從 0 到 1、從 1 到 2、從 2 到 N,這樣他就可以複製一整套經驗。

實現價值最大化,要幫助用戶不斷挖掘價值。有人問,為何要幫助用戶挖掘價值?因為有時候用戶的價值和他自己的表現並不完全一樣,用戶也不知道自己有什麼潛在價值。那麼,我們如何挖掘用戶價值,實現價值最大化的模式和方法有哪些呢?通常有以下三種方式。

看到用戶背後的資源

比如在銷售化妝品時，我們的思維通常是將其賣給女性。但是我們也可以賣給男性，因為男性有老婆或者其他女性家人。這就要求我們尋找或看到他背後的資源、挖掘價值，使變現價值最大化。若這個人本身不是你的用戶，但是這個人背後有你的潛在用戶，這時候如何實現價值最大化呢？你要將思維打開一些，將用戶看作一個輻射原點，一個用戶可以輻射 250 個人，服務好這個使用者，他就有可能再幫你帶來 250 個新客戶。

幫助用戶成長

用戶成長後，會有更多的能力，擁有更多的資源，幫你實現價值最大化。從某方面來說，這種策略就是將時間軸拉得長一些。你要留出足夠的時間讓用戶成長，當用戶成長以後，他更高層次的需求就被挖掘出來，這樣你在用戶這裡的變現價值就提升了。

特別是教育培訓產品、知識產品方面的變現更是如此。一個使用者購買了初級培訓產品，我幫助他成長，他更高的需求也會被激發出來。

Chapter 7　銷售變現中的感性色彩

比如，有學員在創業或做個人品牌時，思維受到侷限。這時我提供了一個想法給他：朋友的朋友就是朋友。我幫他整理了一下，讓他找到自己身邊的人際鏈，接著多米諾骨牌的反應就出來了。我幫他看到了他背後的資源，把他的朋友圈撬動起來，讓他朋友看到了他朋友背後的資源。這樣，像發生多米諾骨牌效應一樣，他撬動了自己的資源。

為用戶提供資源

幫用戶連接資源，其實就是互惠。互惠就是成為樞紐，幫助用戶連接，透過連接力來發揮資源的作用。幫用戶連接資源後，用戶會出現新的需求。這個需求可能是用戶現階段不會去想的東西，但我讓用戶大膽去想了，想了就會激發新的需求。這樣就放大了用戶的價值，我在其中也有連接的作用。

比如一個企業需要數位化，但是企業裡面缺乏掌握數位化技術的人才；或者企業要做短影音，但是沒有會做短影音的人才，這時候我介紹適合的人才給企業或你，企業的需求就被滿足了。也就是說，我幫企業連接了資源，然後放大了它的價值，進而實現了未來價值的最大化。

感性力量

　　我們處於短影音直播的時代,企業應該做買產品送服務的變現模式,必須經營社群媒體。一開始新媒體方面的人才比較匱乏,這方面的業務就是商機。比如,我們幫助一些傳統的企業,進行新媒體或者網路的轉型;然後,把培養好的人才直接推薦到企業內部。現在很多線下的實體企業想要有流量,以便往線上轉型,但是沒有轉型的能力,沒辦法用新的模式改造原有的業務。這時候,我們可以為它們提供線上轉型服務,並輸出有能力的人才。

　　本章講的是如何幫助更多的銷售人員,或者更多的朋友達成更大的銷售目標。不只講到了我們自己的視角,也講到了使用者視角,這就是更高級的感性銷售。

Chapter 7　銷售變現中的感性色彩

先提供價值，再建立合作
● ●

談到銷售變現時，很多人一開始就想要達成或提供合作，但結果往往不樂觀。這就像談戀愛一樣，如果一交往就要結婚，沒有提供給對方任何價值或有價值感的東西，那麼結果就是分道揚鑣。建議先提供價值，再建立合作關係。

一個人肯定要先提供價值給別人，別人覺得你達到了我的某種要求或者滿足了我的條件，才願意與你合作。因為合作的前提，是建立信任關係，接著看合作雙方有沒有匹配性，即適不適合合作。

接下來，我們要投入時間和精力。剛開始合作，價值是由單方面提供的，隨著合作深入，我們才能懂得如何更好地為他人提供價值。因此，應先提供價值，再建立合作。

為什麼要先提供價值？為什麼要用感性去幫一個有價值的事物增加價值感？因為只有在提供價值的過程中，我們才

能檢驗出雙方的價值觀是否一致，自己與對方合作起來是否愉快，溝通是否順暢等。現在，我們可以從兩個維度來分析這個過程和邏輯。你在提供價值時，其實對方是被動接受價值的一方，他擁有的是一種體驗感。只有體驗感良好，他才會跟你進一步合作。如果他的體驗感不好，就不會跟你合作。

個性化地提供價值

你不能用同一個方式對待所有使用者，而是應該為用戶提供個性化的價值感受體驗。價值感是一種主觀感受，是一個人的個人感受，不是大家的整體感受。

在提供價值時，不管講的是什麼，提供的是什麼，都需要讓對方感覺到這是為他提供的「專屬服務」，這樣對方才有專屬於他的感覺和體驗。特別是在一對一銷售的過程中，我們要瞭解他的唯一性，才能知道他獨特的價值感。我們應尊重每個個體，每個人都是不一樣的，每個人都是唯一的，你要認可每個人的唯一性和專屬性。

提供共通的價值

我在直播時,會儘量讓直播的內容通俗易懂,我的聽眾年齡範圍在 25～80 歲,那麼我就要為這些觀眾提供價值感。我注意到我的用戶中,年齡在 25～39 歲的用戶更多一些。我的男性用戶占 41.8%,女性用戶占 55%,也就是我要給男性和女性同時提供價值感。因為我提供的是感性的情感共鳴,所以具有共通性的精神力量能夠穿透更多的人群。

拋開性別和年齡,有哪些情感是共通的呢?

比如開心的感受、快樂的微笑、幸福的感覺等愉悅感是共通的。還有真實的東西,真正利他的、真正對別人有幫助的,也是大家都願意接受的,大家很容易感到你有一種積極向上的能量或狀態,這類美好情緒的力量最強。另外,孤獨、沮喪、恐懼、憂傷等痛苦或疼痛的感受,也是共通的。當用戶從你的故事中感知到悲傷等情感之後,如果悲傷的背後能夠有希望等精神傳遞出來,大家便會看到希望。而這種精神的共鳴更令人奮發向上,也更引人難忘和深思,這也是共通的。

雖然很多情緒本身是負面的,但是我們要儘量把正向的思考模式和積極的思維方式帶給大家,這樣才能給大家希

感性力量

望。比如我在分享自己的故事時,可能一開始會讓人覺得有點沮喪、孤獨。但是緊接著我就會提供共通的、正向的希望給大家。因此,我們要將消極的情緒(悲傷、恐懼、孤獨、疼痛等)轉化為積極的情緒(微笑、喜悅、從容、淡定、堅忍等)。因為最終只會有陽光和積極的情緒,才能夠穿越年齡以及性別的束縛,被大家感知到,大家會從中找到更美好的力量,這就是感性的力量。

CHAPTER

後記

你也可以改變自己

「改變」是一個技術，如果你對現在的自己不滿意，從現在起你就可以開始改變自己。

你需要將原有的混亂人生系統整理清晰，讓自己明確看到問題所在，以最容易做到的事為著力點，逐步建構人生架構。在接下來的每一天，你都應為自己的人生大樓添磚加瓦，逐漸使自己成為想成為的人。

很多人之所以沒有改變，不是因為他們沒有能力，而是因為沒有支點。38歲的時候，我找到了人生支點，透過努力用自己的親身經歷證明：一個人其實可以顛覆式地改變自己。

我寫這本書的初心，就是想鼓勵與幫助暫時找不到人生使命與價值的人，跟隨內心的聲音往前走，找到自己人生的支點。透過日復一日地練習，讓自己變得越來越有價值，進而找到人生的意義。世界上大致有兩種人，一種是不相信自

後記

己可以,習慣了被動等待的人;另一種是自強、自信、自立的人,與其抱怨,不如向前。

　　最後,感謝父母的善良讓我擁有了一顆純粹的心;感謝奶奶幫助我建立健康的價值觀,讓我在人生的每一步都做出合適的選擇;感謝老師、同學、老闆與同事,他們為我的學習和成長提供了無數幫助;感謝我的人生導師張萌,是她幫助我改變了人生軌跡,幫助我實現生命價值;感謝正在看這本書的你,一起探索感性的力量是一種緣分。此外,特別感謝劉 Sir 老師及其團隊的自立老師、香香老師的引領與幫助,感謝顧光傑老師的指正,使這本書有了與大家見面的機會。

OrangeLife 38

誰說一定要理性！用感性改變你的人生
透過感性・綻放平凡卻不平庸的自己！

作者　張婷

出版發行

橙實文化有限公司 CHENGSHI Publishing Co., Ltd
粉絲團 https://www.facebook.com/OrangeStylish/
MAIL:orangestylish@gmail.com

作　　者	張　婷
總 編 輯	于筱芬
副總編輯	謝穎昇
業務經理	陳順龍
美術設計	點點設計
製版／印刷／裝訂	皇甫彩藝印刷股份有限公司

中文繁體版通過成都天鳶文化傳播有限公司代理，
由人民郵電出版社有限公司授予橙實文化有限公司獨家出版發行，
非經書面同意，不得以任何形式複製轉載。

編輯中心
ADD ／桃園市中壢區山東路588巷68弄17號
No. 17, Aly. 68, Ln. 588, Shandong Rd., Zhongli Dist.,
Taoyuan City 320014, Taiwan (R.O.C.)
TEL ／（886）3-381-1618 FAX ／（886）3-381-1620

全球總經銷
聯合發行股份有限公司
ADD ／新北市新店區寶橋路 235 巷弄 6 弄 6 號 2 樓
TEL ／（886）2-2917-8022　FAX ／（886）2-2915-8614

初版日期 2025 年 7 月